大家之家

艺术卷 2

车吉心 谭好哲 主编

泰山出版社·济南·

编 委 会

主　　编　车吉心　谭好哲

执行主编　尤战生　孙书文　曹成竹　董龙昌

本册作者（按姓氏笔画排列）

　　　　　　于俪婧　王坤元　邓雅丹　付晓斐

　　　　　　陈　琛　赵　严　韩凌心　潘　蕾

序　言

呈现于读者面前的这套丛书命名为《大家之家》。所谓大家，即世界史上科技文化领域卓越非凡之人物，或曰伟大人物，而大家之家，乃大家曾经所居之所也。

在人类文明的发展史上，涌现出无数堪称大家的人物，他们以其令人景仰的道德品行、永载史册的丰功伟业、博大精深的文化创造，将人类历史的浩瀚长空映照得美丽璀璨。这些文明史上的大家，以各自超凡拔俗的人生业绩，在历史的舞台上展示出生命的奇迹与荣光，也铸就了人类文明的辉煌与魅力，其成就、思想与精神为后人所神往、敬仰以至崇拜，成为泽被后世的永恒精神财富。

诚如19世纪英国著名文学家、社会批评家和历史学家托马斯·卡莱尔所言，伟大人物是历史上的英雄，也是世界历史的精华，世界史上所取得的种种成就都烙刻着他们的创造，在广义上说是他们思想的外化和具体化。因此，追随大家的生命历程，与大家相识相知，以他们为人生的借镜与楷模，不仅能够领略人类文明的雄壮景观与创造精华，也能够从中获得无穷的人生教益与生命动力。卡莱尔满怀激情地写道："对于这些伟大人物，无论你以什么方式同他们接近，他们都是你有益的朋友。一个伟大人物，尽管他并不十全十美，我们也不能小觑他，从而失去他的帮助。他是一束光，靠近他就使人愉悦欢欣。他是一束耀眼的光芒，照亮了世界上的黑暗；他绝不仅仅是一盏点燃的灯，而是一颗沐浴着上帝的恩泽而闪闪发光的明星；在我看来，这永不熄灭的光芒使人茅塞顿开，令人刚毅坚强，促人英勇崇高。在它的照耀下一切人无不感到愉快，无论何时，人们都不会因此而生倦意。"这段由衷的赞美，也正体现出本丛书为大家立传的用意所在。

当然，历史上的大家也都是尘世中人，他们之所以能够成就其人生与事业之大，不是靠神灵的独特恩宠，也不完全是靠人生的偶然与运气，而主要是靠个人的努力与奋斗。其努力与奋斗的人生轨迹千差万别难以尽述，然而又有殊途同归的相似相同之处可以言说，其中之一便是家对于人生成长与成败所具有的意义。人人都生而有家。家是生命的孕育之地，是人生的成长之所，也是生命的行走驿站，亲情、友情、爱情、乡情都会在家里留下或深或浅的印记，甚至科技发明和文化创造中的苦思与妙想、艰辛与欢欣等等，也往往冥冥之中与家有着不解之缘。因此之故，历史悠久的家会成为物质文化遗存，名人故居更是成为人们倍加珍视的一种文化遗产。这种遗产是一个国家与民族历史文化成就的重要标志，不仅对于研究人类文明的演进具有重要意义，而且对于展现世界文化多样性也具有独特作用。这又是本丛书聚焦于"大家之家"的用意所在。

"大家之家"，既是大家之故居，也是大家之精神所在，还是人们游览与精神朝拜的场所。作为一种独特的历史和文化遗存，大家故居，虽然历经时光淘洗而往往物是人非或旧貌不再，但依然记录并留下了曾居其中的大家日常生活的点点滴滴，沉淀着历史、人文、经济、社会等诸多信息，成为名人精神的象征物，具有无可替代的人文价值和历史意义。本丛书着眼于通过"家"这种有形的文化遗存，来展现人类无形的精神文化遗产，以期达成对青少年甚至一般社会人士进行优秀文化传承教育之目的，从出版的角度也是希望能够在优秀文化传承教育方面另辟蹊径，做出新的探索。

本丛书从读者易于接受的角度考虑，在书写方式上也做了大胆的尝试。全书各篇都从大家的居住之处切入历史，以专业而通俗、轻松而深刻的文字为大家作传，通过对大家的人生故事、辉煌成就及思想创造的描写与评述，带领读者走进大家的成长过程、情感世界及奋斗历程，进而走进大家的精神世界，领略其博大的思想、境界和胸怀。这种写法以"大家之家"作为精神旅游的目的地，由作者作为一个面对读者娓娓道来的精神导游者，大大拉近了普通读者与伟大人物之间的历史与精神距离，避免了读者由于学识不足或专业隔膜带来的阅读障碍。相信每一位智慧而有志向的读者都能通过书中大家的奋斗经历和辉煌业绩，获得生命启示，点燃生命激情，树立远大理想，沐浴着精神的阳光走上人生奋斗之路，攀上人生理想之巅，像书中的大家一样无愧于自己的人生之旅，绽放出生命的大美与崇高！

谭好哲

（山东大学文艺美学研究中心教授、博士生导师）

2019.7

目　录

李斯特　　　　　／ 1

瓦格纳　　　　　／ 18

威尔第　　　　　／ 37

施特劳斯　　　　／ 56

勃拉姆斯　　　　／ 76

塞　尚　　　　　／ 94

柴可夫斯基　　　／ 115

罗　丹　　　　　／ 134

莫　奈　　　　　／ 159

李斯特

德国东南部巴伐利亚州的上弗兰肯地区，有一座著名的音乐小镇——拜罗伊特。这座音乐小镇因"钢琴之王"弗朗茨·李斯特而闻名于世，至今小镇上依旧保留着李斯特最后的居所。现存的李斯特故居有很多处，分布于德国魏玛、拜罗伊特和匈牙利布达佩斯等地，其中，位于拜罗伊特的李斯特故居最为著名。

位于拜罗伊特小镇的李斯特故居院内矗立着一尊李斯特塑像，塑像上他眼神坚定、精神矍铄，面庞带着平和安详的笑容，仿佛正在思索一生所挚爱的音乐。阳光下这尊惟妙惟肖的塑像更具神采魅力，生动展现出一代大师意气风发的形象。每当天空有鸟儿掠过，林间有清风袭来，人们仿佛听见了李斯特的演奏声，心灵变得无比澄净。这里不仅是李斯特生前最后十年的居住之地，也是李斯特的长眠之处。

这所故居，是一幢红色的二层建筑，风格朴素。如今，这里已经成为李斯特纪念馆，李斯特故居前的道路也被后人命名为"李斯特大街"。这些实物的留存为我们回忆李斯特这位音乐大家，回首19世纪中期的欧洲音乐史提供了丰富的资料。当我们

李斯特故居（德国拜罗伊特）

漫步在拜罗伊特小镇时，随处都能看到李斯特的痕迹。这里不仅有以李斯特命名的道路，还有以李斯特命名的音乐学校、博物馆、国际钢琴比赛……若是趁着月色信步走在小镇街道上，总能隐隐约约地听到小酒吧、咖啡馆里传来的音乐声，透过玻璃窗望去，总能寻到许多陶醉于音乐中的人。李斯特用自己的音乐创作点燃了众人的音乐热情，抚慰了人们疲惫紧张的神经，也改变了拜罗伊特小镇居民的精神风貌。

步入李斯特故居，首先来到李斯特故居的客厅。客厅的正中陈列着李斯特生前使用过的三角钢琴，四周的墙壁挂满了他各个时期的肖像画及他与友人往来的信件，橱窗中摆放着李斯特生前所使用的各色物件，包括鞋帽衣物和笔纸工具等。整个房间的布置风格简洁明快，屋内没有过分奢华的饰品，没有复杂繁密的展品陈设，营造出一种温馨愉悦的氛围。我们可以想象年迈的李斯特在客厅里弹奏钢琴时安详愉悦的情景。当我们走进客厅旁的小房间，李斯特的画像映入眼帘，阳光透过巨大的落地窗洒落在地板上，将整个房间的画作映照得柔和而生动。

李斯特是一位热衷将艺术与生活融为一体的音乐家，他的这种思想贯穿在他一生的创作中。他在保留乐曲旋律的基础上，利用文学性、思想性升华了乐曲主题，提升了音乐思想内涵，极大地提高了作品的时代艺术价值。值得一提的是，李斯特独创的标题性钢琴作品，将钢琴作品创作与其他艺术表现手法相结合，从听觉上引导听众对乐曲的理解和认知。这种多元化音乐创作风格为钢琴演奏注入了一股新鲜的血液。如今，当我们回首他创作出的800多部音乐作品时，依然感叹其作品风格之独特、演奏技巧之丰富。他的作品大多打破了传统钢琴演奏技能的限制，融入了高难度的音乐技巧。他手下的琴键能弹奏出管弦乐的效果，一个人甚至能演奏出一部交响乐。他运用钢琴表达的广阔音域，拓展了键盘乐器表达的传统演奏空间，产生了前所未有的立体丰富的演奏效果，对后世的音乐创作有极其重要的影响，这便是后人尊称其为"钢琴之王"的主要原因。从一定意义上讲，李斯特的这种立体丰富的演奏效果比同时代其他音乐家更具有印象主义的特质，他也因此被冠上了19世纪欧洲新浪漫主义音乐开创者的称号。

天才少年求学路

1811年10月22日，弗朗茨·李斯特出生在匈牙利西部的一个叫雷汀的小村庄。他的父亲亚当曾是宫廷乐队的中提琴手，母亲安娜是个本分的家庭妇女。亚当闲暇时常常在家演奏，那时小李斯特总是凝神倾听，父亲演奏的每一个音符都滑落在他心间，他的心中渐渐种下了音乐的种子。1820年，9岁的李斯特在父亲的指导下举行了第一场钢琴独奏会，他双手弹奏出明快的曲调，人们不明白一个9岁孩子演奏出的音乐为什么会如此令人陶醉。李斯特的演奏最后赢得了大家的一致好评，他的音乐生涯也从此起步。李斯特没有让父亲失望，用出色的表现为父亲对他的音乐培养呈上了一份满意的答卷。父亲在朋友的支持下，决心带着李斯特离开小村庄去维也纳寻找一片更广阔的艺术天空。

1820 年，贝多芬的作品《春天奏鸣曲》问世已经近 20 年。这期间生活在维也纳的音乐大师贝多芬已经开始了他人生的新阶段。贝多芬是李斯特所崇敬的殿堂级的音乐大师。幸运的是，贝多芬的学生卡尔·车尔尼成为李斯特的第一位老师，李斯特开始了正式的音乐学习。车尔尼是一位优秀的老师，他看出了李斯特的音乐才华，同时也发现了李斯特缺乏系统的音乐训练而导致的不足。车尔尼对他进行各种复杂技法的音乐训练，帮助李斯特不断提高技能，让李斯特的演奏变得更加成熟、更加完美。车尔尼作为 19 世纪上半叶维也纳钢琴学派的创始人，在总结以前浪漫主义音乐家注重指力的钢琴技巧方面无人能及。他让李斯特不仅注重指力练习，也要重视手臂力量运用。有了这样一位古典主义和浪漫主义钢琴演奏桥梁式人物的指点，李斯特的钢琴指尖技艺进步神速。1826 年，在李斯特完成的《24 首大练习曲》的扉页上，他向这位严格要求自己的老师写道："献给敬爱的老师车尔尼。"[①]1822 年 12 月 1 日，李斯特第一次在维也纳音乐厅演奏，以精湛的技艺轰动了当时的维也纳。这一年 12 月的《阿格梅农音乐》杂志形容他"好像是从天上降临下来的一样"，"鉴于他的年龄，他给观众的东西简直令人难以置信"，"能演奏胡梅尔难度极大的作品，特别是最后的那段响雷般的乐段，简直是奇迹"。按照那时的音乐会惯例，最后的即兴演奏主题由观众席中传来的小纸条决定。在那场演奏中观众要求他把贝多芬与罗西尼的音乐糅合到一起。耐人寻味的是，李斯特在他的即兴演奏中试图糅合的是他终生都不曾改变的两个理念：深刻崇高的、对神圣境界的向往，以及对现世欢乐、眼前成功的追求。[②]

---

① 参见周小静. 钢琴之王李斯特[M]. 上海：上海人民出版社，1999：11.
② 参见周小静. 钢琴之王李斯特[M]. 上海：上海人民出版社，1999：14.

鲜花相伴的小窗

李斯特在维也纳首次亮相取得的巨大成功，让整个维也纳音乐界对这个天才少年未来的发展充满期待。父子俩并未在音乐会成功的喜悦中沉浸得太久，而是立即开始准备第二次音乐会。1823年4月13日，李斯特第二次音乐会再次获得了巨大的成功。贝多芬出席了这次音乐会，并给予了李斯特充分的肯定。贝多芬在李斯特的面前弯下腰来，吻了他的脸颊和额头，然后把他紧紧拥在怀里。这一年，是这位少年大放异彩的一年。这位天才少年在维也纳初尝成功的喜悦，并因此幸运地成为音乐家安东·雷哈的校外学生。雷哈先生用当时作曲家的作品实例来为他讲解音乐理论，这些教诲对他后来的音乐创作生涯影响深远。

博采众长的艺术家

施密德哈默是一个伟大的版画家，他曾在一幅版画的底部中央用四行德语诗写道："匈牙利贵族并不爱金银，他们热爱军刀。"用施密德哈默这句德语诗来形容同为匈牙利人的李斯特恰如其分。李斯特出生于匈牙利，但是他的母语并不是匈牙利语而是德语。如果说肖邦是钢琴家中的杰出代表，那么李斯特应该是人民大众音乐家中的杰出代表。在19世纪的欧洲大陆上，李斯特的艺术"魔力"风靡匈牙利，风靡奥地利，也风靡法国，他用匈牙利人特有的坚韧改写了匈牙利音乐史，触动了整

简约朴素的楼梯

个音乐界的神经。他的乐符如战时的鼓点扣人心弦。他一次又一次在自己的音乐征途中打磨自己的"乐刀"。弱冠之年的李斯特雄心勃勃,他指尖流淌出的迷人音符早已在不知不觉中滋润了千万听众的心田。为了登上更高的艺术殿堂,他一路西行,前往维也纳、巴黎,随名师求学,携好友相游。

1827年3月,曾经送给李斯特"神圣之吻"的贝多芬离世的消息让整个欧洲音乐界黯然神伤,李斯特更是悲痛不已。从学习音乐时起,贝多芬就一直是他的榜样和精神导师,贝多芬的作品伴随了他的整个演奏生涯,贝多芬的精神也始终引领着他的每一场演奏,并且渐渐内化在他那颗柔软而坚定的乐心中。李斯特与贝多芬的缘分应该可以追溯到19世纪早期,李斯特跟随恩师车尔尼学习钢琴的那段岁月。车尔尼是贝多芬的爱徒,也是贝多芬钢琴音乐和"连奏"风格的拥护者、演奏者,为贝多芬钢琴艺术的传播做出了重要贡献,正是车尔尼老师将贝多芬的作品介绍给了李斯特。1828年3月,李斯特在巴黎第一次听到了弗朗索瓦·哈本奈克以一种全新的风格指挥音乐学院乐队演奏的贝多芬交响乐作品，这场音乐演奏给青年李斯特带来了一次精神升华。1829年，18岁的李斯特参与了巴黎施莱辛格出版社关于贝多芬钢琴作品的编辑与出版工作。1836年，李斯特在巴黎的一场公共音乐会上演奏了当时被认为是"根本无法演奏的"贝多芬作品——《降B大调第二十九钢琴奏鸣曲》。在场聆听演奏会的法国大作曲家柏辽兹，后来在谈及李斯特这次演出给他留下的印象时，甚至将李斯特比作"破解斯芬克斯之谜语的俄狄浦斯"。李斯特从1837年开始将贝多芬的交响曲改编成钢琴独奏作品，最早一批改编完成的作品是贝多芬的《第五交响曲》《第六交响曲》和《第七交响曲》。时至今日，李斯特对贝多芬九部交响曲的钢琴改编版本，仍是贝多芬交响曲众多钢琴改编版本中最准确和最受听众喜爱的。

在李斯特的创作中常常出现贝多芬的影子，贝多芬是他内心音乐世界神明般的存在，是令他高山仰止的音乐泰斗。他音乐路上的开悟导师是贝多芬，他音乐路上的第一个伯乐也是贝多芬，这位贯穿李斯特音乐生涯始终的灵魂人物影响了他的一生。这不仅仅是因为贝多芬的每一部作品都闪耀在明亮的乐空之中，更是因为贝多芬晚年时，纵使遭遇不幸，也依旧顽强地同命运抗争的精神感染了他。贝多芬创作的充满生命激情的《命运交响曲》极大地感染着李斯特，他从这位精神领袖身上不断汲取音乐养分，让自己的每一段乐章都变得更有力量。他的精神指引着李斯特乃至后来的音乐家不断前行，不断挑战，不断超越，创造出了一个又一个音乐史上的奇迹。

李斯特炯炯有神的目光中散发着智慧、自信。他内心纯粹，与音乐同行，他的社交圈几乎涵盖了当时所有杰出的艺术家。正是众人之力共同造就了博采众长却又独树一帜的李斯特。在1830年的最后几天，他结识了柏辽兹。柏辽兹与李斯特都是雷哈教授的授业学子，李斯特此时已成为小有名气的音乐家，柏辽兹此刻正踌躇满志地向巴黎音乐演奏会发起挑战。柏辽兹的《幻想交响曲》在巴黎进行首演，李斯特立即被柏辽兹乐曲中反复运用的主题旋律所吸引了。"一条古老的圣咏'末日的审判'被柏辽兹引用到标题为'妖魔鬼宴'的末乐章中,环绕着它的,是地狱里的尖叫和女巫们狂舞的曲调。"①李斯特感受到柏辽兹这种情感宣泄式的乐曲风格能够直抵人心,于是在后来把这种音乐形式融入他魏玛时期的13首《标题交响诗》创作中。从交响曲到交响诗,李斯特采用为演奏取标题的方式引导受众欣赏他的表演,将音乐与文学这两种不同的艺术形式融合在一起。乐符和文字纵横交错,听众沉浸在音乐的海洋中的同时也接受了这位来自匈牙利的少年内心最诚挚的问候。19世纪30年代,年轻的李斯特同波兰年轻钢琴家肖邦共同占据巴黎各式各样的艺术沙龙与音乐厅。19世纪中叶,钢琴艺术得到前所未有的发展。若究其缘由,当归功于这一时期大量涌现的灿若繁星的杰出钢琴家们,他们一方面促使钢琴演奏的水平快速提高,另一方面又加速了钢琴演奏这种音乐形式的不断自我革新。

1831年,意大利小提琴家、作曲家帕格尼尼来到巴黎举办音乐会,李斯特立即被这个音乐鬼才的演奏所吸引。李斯特在给朋友的信中谈道:"这是一个何等的人,一把何等的小提琴,一位何等的艺术家!"

李斯特听过帕格尼尼的音乐会首演后,在帕格尼尼的《b小调第二小提琴协奏曲》第三乐章的启发下,改编创作出了《依据帕格尼尼的"钟"而作的华丽的大幻想曲》(下文简称为《钟》)。李斯特在原作的基础上加了四小节前奏。这样的创作方式便于点题,进而引起听众的注意。《钟》的曲调舒缓而悠长,仿佛在向人们缓缓地诉说着一个故事,注意听——远处传来了缥缈的钟声。全曲中多次使用了同音反复的技法。同音反复要求演奏时必须做到指力均匀,这样才能将反复的音节演奏出相同的音高,进而在相同的音高中表达出重复的演奏效果,使得乐音听起来连贯悦耳,这尤其考验弹奏者的演奏水准。《钟》这部作品气

---

① 周小静. 钢琴之王李斯特[M]. 上海:上海人民出版社,1999:41-42.

故居展室

势如虹,震撼人心。李斯特在曲子中运用了八度快速半音阶、八度左右手交替、八度左右手反向进行以及八度震音等一系列的八度技巧,将这首难度系数极高的曲目演奏得精妙绝伦。李斯特兴致勃勃地开始进行运用钢琴弹奏小提琴曲的改编试验,试图在钢琴上竭力表现出小提琴的拨奏和快速音阶。为了能够成为钢琴演奏方面的帕格尼尼,他整日闭门不出,将大量的时间和精力投入到技巧练习之中。而《钟》便是他改编试验的成果。后来,人们在1883年版本的《帕格尼尼练习曲》中有了这样惊人的发现:几乎这个主题的每首练习曲里都被李斯特加入了大量玄妙的修饰技艺,充满了随意性和即兴演奏的个人色彩。

1838年,他将《钟》和其他五首练习曲组成了《帕格尼尼卓越技巧练习曲》,后来又以《帕格尼尼大练习曲》重新命名。这六首练习曲中,除了第三首《钟》是取材于帕格尼尼《b小调第二小提琴协奏曲》的第三乐章,其他作品则是从帕格尼尼《二十四首随想曲》中吸取创作营养写就的。《钟》这首基于帕格尼尼作品创作的心爱之作，最终成为李斯特诸多钢琴曲作品中最重要的代表作。

19世纪是浪漫主义大爆发的时期，作曲家们不断尝试开拓艺术体裁的边界，打破艺术的规则与界限，摆脱形式的局限。1830年，肖邦开始逐渐改变自己华丽的音乐风格，创作了一系列诸如谐谑曲、叙事曲、幻想曲之类的作品。谐谑曲和幻想曲是肖邦对已有音乐类型的再诠释，叙事曲则是对标题音乐的巧妙吸收。应该说，肖邦的创作打开了叙事曲的戏剧性的新视野，而李斯特又在肖邦的基础上，将叙事曲的戏剧性、交响性和悲剧性上升到新的高度，尤其是在炫耀技法和人物性格塑造方面有新的突破。同年10月，肖邦的《第一钢琴协奏曲》公演取得巨大成功。不愿与肖邦在协奏曲的次序上争高下的李斯特挑灯夜战，到1839年，完成了《A大调第二钢琴协奏曲》的初稿，他不断修改它，直到1863年才完全定稿。李斯特这首《A大调第二钢琴协奏曲》仿佛一坛佳酿美酒，令一个多世纪以来的听众沉醉其中。

故居展出的钢琴

肖邦对李斯特产生了深远的影响。人们普遍认为，李斯特创作叙事曲是为了向他的好友肖邦致意。从李斯特 1845 年开始创作的第一首叙事曲中，我们不难发现他对肖邦音乐技法的融合与升华。李斯特对这位音乐路上的同行者充满了惺惺相惜之情。在李斯特用法文写成的《李斯特论肖邦》中，他对这位挚友推崇不已。在书中，李斯特毫不吝惜自己对这位好友的溢美之词。这是一部前所未有的卓越作曲家对另一个卓越作曲家的赞颂之书，是二人超越时空的金色友谊的见证。人们愿意相信，如果天堂有音乐，那一定是肖邦和李斯特二人的四手联奏之音。

1848 年到 1850 年间，李斯特的创作收获颇丰。他欣喜地发现，管弦乐队的色彩、力度以及无穷无尽的组合变换能给他带来施展音乐想象的新天地。仅仅在两年之间，他就完成了五部令世人瞩目的交响诗杰作：《山间所闻》《塔索》《前奏曲》《普罗米修斯》《英雄的葬礼》。这些作品的标题揭示出作曲家的创作源泉——诗歌。

其中，李斯特的《山间所闻》的创作冲动来源于他在巴黎居住时与诗人雨果的一次社交会面。那一次，在雨果动情地朗诵了诗作《来自山上的声音》后，李斯特顿时被感动了。雨果在《来自山上的声音》中描述了他在大自然中听到的一切：神秘的絮语、美妙的和谐以及令人感动的大自然安魂曲。李斯特在交响诗《山间所闻》中实现了精神与情感的紧密结合，用诗歌与音乐的融合开辟了一条标题音乐的全新道路。

这位天才少年师从多人，博采众长，交友广泛，与 19 世纪一群同样优秀的杰出才俊共同交游。他跟随车尔尼老师学习练就了一手好指法，在好友柏辽兹的演奏启发下创造了交响诗这一全新的乐曲曲式，聆听帕格尼尼的小提琴演奏从而改编写作出世界名曲《钟》。李斯特的终身精神导师肖邦不仅影响了他的音乐创作风格，更是不断激励着他在音乐道路上越走越远。

创新的浪漫主义演奏家

在音乐道路上,他依靠自己的三分天赋和七分勤奋攀登艺术高峰,赢得了包括当时欧洲王室在内的一致认可。无论在什么时候,李斯特都是一个乐观主义者,与其他的浪漫主义作曲家相比,他是更倾向于古典主义的艺术家。尽管李斯特首创的交响诗,是具有戏剧性、抒情性的单乐章管弦乐,但是他不仅注重古典主义艺术的寻常音乐作品中的序曲形式,而且进一步更新了乐曲的结构:为乐曲取标题,用交响诗的构思体现出文学寓于音乐的"和合"思想。李斯特的交响诗作品故事相联,情节互生,听众在聆听时如同化身读者,仿佛瞬间阅读了一首小诗或阅览了一篇长文。

创立个人独奏音乐会、首创背谱演奏法的李斯特,沉浸在自己的音乐世界中,丝毫不为外界纷纷扰扰的声音所干扰。从我们前面提到的乐曲《钟》,到改编贝多芬交响乐为钢琴曲,这位音乐狂人的创作和演奏,令无数音乐爱好者为之倾倒。

故居内展品

李斯特铜像

　　李斯特一生中有过几段感情,最为轰动的是他与卡罗琳公主的这一段恋情。正是卡罗琳为李斯特重新规划了他的后半生,使得他能够活跃在欧洲大大小小的音乐会之间,闲暇时又能够专心致志地作曲。卡罗琳用女性的智慧为音乐史添加了动人篇章,将爱人李斯特变成了伟人李斯特。在卡罗琳的陪伴下,李斯特重量级的作品相继问世:梦幻般的《b小调钢琴奏鸣曲》,功夫在诗外的《超级练习曲》,极具宗教情结与富含自传色彩的两部交响曲《但丁》和《浮士德》,以及《塔索的悲伤和胜利》《玛捷帕》《从摇篮到坟墓》等13首"李记交响诗"。他用乐曲描绘人类最细腻的感情,捕捉和唤起人性中纯洁美好的情感。他不是悲观主义者,在他的乐曲中充满了鱼翔浅底、鹰击长空般的浪漫,那个曾经的雷汀少年早已在奋斗中找到升华自己的方式。

　　李斯特对艺术的热忱和极致追求,贯穿在整个欧洲新浪漫主义音乐的每个音符之中。遗憾的是他没有留下传世的录音录像,现在我们只能通过当代艺术家演奏他的曲目,来遥想李斯特当年的飒爽英姿。李斯特终身热爱着他的钢琴事业。1883年,李斯特收到施威坦公司赠送的一架全新的三角钢琴,年过七旬的他仍然抑制不住内心的喜悦,对这架采用了当年施坦威最新专利技术的三角钢琴的手感和音色大加赞赏,于是写了一封感谢信给施坦威公司。

　　俗话说,活到老学到老。杰出的音乐艺术家绝不会在晚年就放松对自己的要求,因为他们从始至终对音乐的热爱都没有减少过。古稀之年的李斯特见到钢琴时的激动绝不亚于初学钢琴之时。1867年初,李斯特放下刚刚完成的《基督》,就动笔创作《匈牙利加冕弥撒曲》。这首乐曲共有八个乐章：慈悲经、荣耀经、升阶经、信经、奉献经、圣哉经、降福经和羔羊经。这部弥撒曲与李斯特早期炫耀技法式的演奏创作不同，它更重视个人的精神体验，而非外在的音响效果，反映出此时他更平和的心境。

进入晚年的李斯特，不断接到故人去世的消息。相识近40年的老朋友柏辽兹客死巴黎，这给李斯特的精神带来很大震动。他再次拿起交响诗这把锐利的乐刀，将圣·桑的交响诗《死之舞》改编成一部钢琴曲。他做了许多自由变换的处理，让这首曲子更具黑色幽默效果，变得魔幻而且神秘。

年少时的知识积累和广泛的调查研究令李斯特一生获益匪浅，他对一些民间旋律的处理，显示出他独特的音乐直觉和艺术创造力。在大多数情况下，李斯特在乐曲中只安排了一两个作曲家的作品，但他用心体会，更加深入地研究了巴赫、贝多芬、柏辽兹、多尼采蒂、门德尔松、梅耶贝尔、莫扎特、罗西尼、舒伯特、威尔第、瓦格纳和韦伯等人的作品，在音乐中与他们相拥、握手，向他们致敬。

"在古代有些民族用筑山来纪念伟大的人物和卓绝的事迹，方法是请每一个过路的人都搬一块石头来，这样山就不知不觉地增长到了意想不到的规模——这是众人的无名的创造。"[①]一代又一代的人们衷心喜爱李斯特的创作，因为李斯特手中的音符传递出的旋律触动了每个听众的内心。人们对李斯特的喜爱发自肺腑。的确，从他踏上音乐创作之路起，他的作品总会带给人们不一样的惊喜，他的作品充满生命的脉动，平静而有力。李斯特始终用自己执着的心为理想中的"音乐殿堂"而创作，他的作品是"投向未来的长矛"，直抵人心。直到暮年，李斯特的演奏依旧得到众多乐迷的追捧。1886年，匈牙利作家和艺术家协会为75岁

[①] 李斯特. 李斯特论肖邦[M]. 张泽民，高士彦，虞承中，等译. 北京：人民音乐出版社，1978：204.

生机盎然的花园

的李斯特举行了成就报告会，他的一些作品由青年人以娴熟的演奏技巧在音乐厅上演出。为了表示感谢，他尽可能地一一到场，在布达佩斯、安特卫普、伦敦、巴黎、卢森堡……一位身穿黑色圣袍、满头白发的老人，始终被包围在鲜花与掌声之中。

李斯特从贝多芬那里汲取了力量，从帕格尼尼那里激发出自己的天分，从肖邦那里学习了平和……即便李斯特在音乐创作方面天赋异禀，但他依旧博采众长，勤学苦练，终于用他高超的技艺不断创作出新的音乐作品，不断给人充满惊喜和感动的音乐体验。虽然李斯特炫耀技法性的演奏常为后人所诟病，他对旋律的折中处理又常常失去了古典曲式那样严整紧密的极致追求，但这恰恰形成了他独特的曲风，成就了他传奇的音乐人生。如今，人们对李斯特作品的兴趣与日俱增，我们可以看到这位铁血柔情的音乐先锋在和声、配器乃至旋律上带给后人的启发，让世界的听众一一拜倒在他的脚下。人们从他那好学深思的精神中获取了直抵人心的音乐力量。他的勤奋，他的坚持，他的文学创作，他忠诚的宗教信仰等诸多因素成就了他非凡的音乐品格。李斯特在钢琴艺术上的杰出成就使他成为19世纪音乐史上令人仰望的高峰，他非比寻常的演

故居外景

奏具有一种神奇的魔力,在一代又一代的音乐人心中闪闪发亮。他是钢琴之王,他代表着钢琴演奏的过去和现在,不断启迪着更多的后来者谱写钢琴的新篇章。

(撰稿:潘蕾)

参考文献：

车尔尼. 160首八小节钢琴练习作品（作品821）[M]. 北京：人民音乐出版社，1987.

范雅文. 论李斯特钢琴作品的演奏风格[J]. 黄河之声，2019（4）.

李斯特. 李斯特论肖邦[M]. 张泽民，高士彦，虞承中，等译. 北京：人民音乐出版社，1978.

李斯特. 论柏辽兹与舒曼[M]. 北京：人民音乐出版社，1983.

山道尔. 李斯特[M]. 朱安康，李孝风，符志良，译. 上海：上海文艺出版社，1985.

张洪岛. 欧洲音乐史[M]. 北京：人民音乐出版社，1987.

周小静. 钢琴之王李斯特[M]. 上海：上海人民出版社，1999.

朱雅芬. 双重性格的浪漫主义音乐家：李斯特（上）[J]. 钢琴艺术，2004（1）.

朱雅芬. 双重性格的浪漫主义音乐家：李斯特（下）[J]. 钢琴艺术，2004（2）.

瓦格纳

拜罗伊特地处德国东南边境，虽仅有 10 万人口，却是上弗兰肯地区最大的城市。潺潺的罗特美因河自城市的东北方流过，城中红瓦黄砖的低矮建筑掩映在浓浓的绿色之中，整个小城被丘陵所环抱。1194 年，拜罗伊特小城初步建立；1715 年，奢华的王室宫殿冬宫在这里建成；1750 年，在普鲁士公主、弗雷德里克侯爵夫人薇海·米娜的委托下，这里建成了欧洲著名的巴洛克式公共剧院——拜罗伊特侯爵歌剧院。虽然女侯爵的优雅气质和富丽堂皇的宫殿吸引了众多游人，然而真正使小城熠熠生辉的是 1872 年迁居于此的 19 世纪德国浪漫主义音乐家瓦格纳。

在这座小城，瓦格纳不仅建造了闻名世界的节日剧院，还建造了名为"瓦恩弗里德"的私人别墅。瓦格纳故居位于拜罗伊特城东南方，紧临李斯特博物馆，背倚华丽的拜罗伊特宫，庭院宽阔，树木成荫，风景如画。故居后院埋葬着瓦格纳与第二任妻子柯西玛，陪伴他们的，还有一只叫鲁斯的狗。络绎不绝的游客来到这里缅怀瓦格纳，同时也不忘给鲁斯带些骨头作为"礼物"。偌大的庭院中，一幢石砌二层小楼便是瓦格纳的居所。石砖微微泛黄，立体的半圆柱形门廊使这座小楼更显典雅。楼内的装饰华丽而端庄。尽管部分家具和装饰因第二次世界大战的空袭而损毁，但故居中的陈设仍尽量遵照当年的原貌。小楼的二层陈列着瓦格纳所喜爱的戏剧演出服饰，虽然已经过了一个世纪的时间，但这些服装依旧纹理清晰、颜色鲜艳。风掠过庭院的草地，阳光悄然铺洒进来，一切都在时间的浸润之中。小楼的主人，瓦格纳曾经在这里意气风发，如今这里被崇拜他的后人所光顾。人们或悲哀叹息，或低声哭泣，或静默伫立，所要表达的都是对这位充满争议的艺术家传奇一生的感慨和怀念。

瓦格纳一生漂泊，他的足迹几乎遍布欧洲大部分国家。德国的莱比锡和德累斯顿让他拥有非凡的童年经历，布拉格曾给了他一份美好的初恋，法国的艰苦生活磨炼了他的意志，而在生命的暮年，拜罗伊特邂逅了瓦格纳。似宿命一般，瓦格纳在这里找到了一生追寻的梦与静，在这里建造了自己的"理想国"。自1872年搬迁到此后，瓦格纳大部分时间居住于此，直到1883年离世。"瓦恩弗里德"别墅在第二次世界大战后被修缮改造为瓦格纳纪念馆，至今仍接待着来自全世界的音乐爱好者。每年7月到8月，拜罗伊特都会举办享有盛誉的瓦格纳音乐节，届时数十万的歌剧爱好者如同朝圣的虔诚教徒，从世界各地汇聚到小城。黄昏时分，剧目开演的号角回荡在温暖的空气中，小城迎来一年中最神圣的时刻。

"高贵的先驱者"[①]，这是尼采给予瓦格纳的评价。作为19世纪的戏剧家与音乐家，他的作品中饱含着爱国情感与民族情感，体现着他独特的艺术理想与哲学思想。他继承了格鲁克音乐改革的精神，几乎将19世纪浪漫主义音乐的一切特点融汇于自己的作品之中，并使之得到了创造性的发展。他继承了莫扎特、贝多芬和韦伯确立的德国民族歌剧的传统，秉承本民族传统音乐文化的精髓，以其十足的信心、

---

① 尼采. 悲剧的诞生[M]. 赵登荣, 范文芹, 黄燎宇, 译. 桂林：漓江出版社, 2007: 15.

顽强的毅力和卓越的才能，经过不断的改革与创新，为德国民族歌剧的创作与发展开拓了新领域，将浪漫主义音乐艺术推向顶峰。尽管瓦格纳及其音乐作品饱受争议，但他无疑是浪漫主义时代最具有代表性的大师，他的创作理念和精神至今仍影响着歌剧与影视等多种艺术领域。

艺术圣殿中的不安少年

19世纪的莱比锡商业发达，学术和艺术氛围浓厚。早在12世纪末，这里就有规模较大的集市。15世纪，莱比锡的大学已经闻名于世，诗人和戏剧家歌德曾从法兰克福来到这里上大学。此外，哲学家及数学家莱布尼茨出生于此，作曲家巴赫在此生活了近30年。自1629年建立歌剧院以来，这里每年都会定期举办歌剧演出，这也成为莱比锡的一个古老的传统。

瓦格纳的父亲弗里德里·瓦格纳是莱比锡市政府的警员，他工作敬业，爱好众多，喜欢戏剧演出。瓦格纳的母亲乔安娜·罗西娜，是面包师的女儿，她身材娇小，性格温柔、幽默。1813年5月22日破晓时分，在莱比锡布鲁尔区的"红白狮"楼的二楼，一个平凡的家庭迎来了新的生命——威廉·理查德·瓦格纳。

1813年10月，莱比锡战役打响，拿破仑带领部队东征，迎击反法联军，一时间死伤者遍地，医院里更是人满为患。不久，伤寒肆虐，夺走了数千人的生命，弗里德里·瓦格纳就在其中，仅几个月大的瓦格纳失去了父亲。第二年夏天母亲改嫁，不久全家就搬到继父工作的德累斯顿。

瓦格纳的继父盖尔是老瓦格纳的故友，是一个演员兼剧作家，在一家剧院工作。盖尔常常带着瓦格纳一起参加排练，剧院里那些华丽的戏服以及美妙的布景深深吸引着这个孩童，使年幼的他对戏剧怀有无限遐思与憧憬。随着年龄的增长，瓦格纳对于剧院的热爱与日俱增。闲暇时，

瓦格纳故居（德国拜罗伊特）

他常流连于那些形态各异、色彩明亮的舞台道具之间。年幼的瓦格纳被那些怀有浪漫激情、言行放荡不羁的演员所深深吸引，因此常与他们一起玩耍。

19世纪以前，德国文化与艺术深受法国贵族的影响，德国自身的民族意识尚不受重视，德国歌剧也因受法国与意大利歌剧的影响而空有华丽的表演，缺乏内在的气韵。18世纪，启蒙运动之风不仅为德国政治和文学领域带来了改革的契机，同时也为音乐界带来了理性精神与民族精神。在这股改革的浪潮中，涌现出一批具有艺术灵魂的伟人，其中就有日后的德国作曲家及音乐指挥——卡尔·玛利亚·韦伯。他生而被赋予了浪漫主义的气质，对德国民间音乐、风俗有深刻的见解，擅长创作具有德国民族特色的魔幻歌剧。受当时德国寻求民族精神以及抗击拿破仑民族情绪的影响，韦伯主张建立具有德国民族风格的歌剧，从而与意大利、法国歌剧相抗衡。时任德累斯顿交响乐团指挥的韦伯十分欣赏盖尔的演唱天赋，因此经常到盖尔家中做客，与年幼的瓦格纳熟络起来。1821年，韦伯为祖国献上了自己的礼物：德国第一部浪漫主义歌剧——《魔弹射手》。这部作品的诞生标志着德国歌剧开始有了自己独特的风格。在柏林皇家歌剧院首演之后,《魔弹射手》风靡全德国。8岁的瓦格纳也在这时成为韦伯的剧迷。瓦格纳沉醉于韦伯所构建的魔幻世界中,他在那神奇梦幻的歌剧故事中发现了一个新的大陆,于是成为歌剧家的梦想在那时悄悄发芽。

无论戏剧或歌剧,其内容并非只有音乐,剧本才包孕着真正的灵魂。瓦格纳虽然年幼,但对戏剧已产生兴趣。由于家中常常有歌剧界

瓦格纳雕像

的才俊光顾,他得以有机会拓展眼界,并开始对德国与意大利的歌剧进行有意识的比较。似乎是因为韦伯的眼睛里明亮的光芒,又或是因为这个柔弱青年对于德国民俗与歌剧的执着,小瓦格纳被这位年长许多的音乐家深深地吸引着,以至于他对那些大腹便便、嗓音尖锐的意大利歌唱家并不感兴趣。在他的心中,一种强烈的情感正在凝聚。在他的脑海中,一个铿锵的声音正在召唤他。理想国之中的音乐应该就像韦伯所创作的德国歌剧那样空灵、优雅。不久后,瓦格纳终于抑制不住内心力量的驱使,开始学习钢琴演奏。

1821年9月,盖尔去世了。临终前他留下遗言——希望瓦格纳能有所作为。1822年,瓦格纳带着新的希望离开了乡村学校,开始在克罗伊茨进行为期6年的学习。学校对古希腊罗马文学的重视,培养了瓦格纳浓厚的浪漫情怀与丰富的想象力。他总是沉醉在惊险的神话故事中,对诗歌充满了强烈的兴趣,尝试自己写诗。一次,学校里一名同学不幸去世,

瓦格纳的诗被选在葬礼上朗读。令人没想到的是，之后这首诗竟然被印了出来并在同学之间流传。对于一个少年来说，这是极大的精神鼓励。

1826年6月5日，韦伯带病前往伦敦参加《奥伯龙》首演排练。由于演出场次过多，本就体弱的韦伯积劳成疾，客死伦敦。韦伯的死讯令瓦格纳再一次感受到生死相隔的哀痛。瓦格纳爱戴这位杰出的音乐家，他创作德国歌剧的执着深深打动了少年瓦格纳的心，那苍白的面孔和坚毅的眼神更令他终生难忘。瓦格纳回忆着韦伯的一生以及其对德国歌剧的贡献，他认识到了德国歌剧的价值，开始将创作方向从英雄史诗转向音乐。瓦格纳向母亲要了一些钱来买乐谱纸，誊抄韦伯所创作的歌剧剧本，以他独特的方式来祭奠自己的偶像。第一部誊抄本便是《魔弹射手》。这部作品取材于中世纪德国民间传说，采用德语演唱，体现了韦伯歌唱与表演并重、音乐与戏剧并重的创作理念。它深刻地影响着瓦格纳，为未来瓦格纳的歌剧创作指明了方向与道路。

瓦格纳并非天才。他生性活泼，一刻都不能闲下来。他热爱生命，向往冒险和快乐的生活。他乐于交朋友，也乐于和动物打交道，在德累斯顿的家附近的每一条狗都是他的好朋友。他一会儿作诗填词，一会儿又研究戏剧，间或又企盼着恶作剧一番。从荷马史诗、古希腊悲剧到莎士比亚的作品，他都耳熟能详。1827年，瓦格纳一家又迁回了莱比锡定居。由于对学校所重视的散文教学不感兴趣，瓦格纳开始花更多的心思尝试戏剧创作。这一时期,他创作了第一部"莎士比亚式"的悲剧——《罗伊巴德与亚德莱黛》。它取材于莎士比亚和歌德的浪漫主义悲剧，剧情异常恐怖暴力，主角罗伊巴德在全剧中共杀了42个人，为了填补空荡的舞台，瓦格纳只好让他们的灵魂再回来。

1829年4月，韦丽密娜·许洛黛·德芙琳饰演《菲戴利欧》中雷阿娜拉一角，瓦格纳坐在台下观赏。韦丽密娜对艺术的虔诚态度和出神入化的精湛演技让瓦格纳为之热血沸腾，他暗下决心要做一个职业音乐家。演出一结束，他就匆匆地写了一张字条送到韦丽密娜居住的旅店，字条上的大意是："假若他日您在艺术界听到有人称赞我，请您务必记得，就是在这一晚，您使我决定了自己的命运。"韦丽密娜后来成为他的朋友，并在他的作品《黎恩济》《漂泊的荷兰人》《汤豪舍》中献唱。

1831年初，18岁的瓦格纳进入莱比锡大学音乐系学习。平时他认真钻研贝多芬的作品，抄录了其大部分作品，业余时间积极参加社团活动。大学生活虽然美好，但高昂的生活支出让瓦格纳的家庭难以负担，以至于他开始欠下债务。但瓦格纳是幸运的，他遇到了一位良师——提奥多·万里希，老师不仅免除了瓦格纳的学费，还为他学习音乐理论提供了极大帮助。这位慈爱的老师讲求实际，脚踏实地，他看到了瓦格纳潜在的音乐创造能力，劝诫这位年轻人认真地研习音法和对位法原理，并详细地为瓦格纳剖析举例，一丝不苟地检查瓦格纳的作业。上课6个月以后，万里希告诉瓦格纳，他再没有东西可以教他了。万里希在拜访瓦格纳母亲时曾表示，能有瓦格纳这样的学生就是最好的报酬。

19世纪30年代初，在法国七月革命的推动下，革命浪潮一时间席卷了欧洲大陆。新的思想在萌发，激励着青年一代积极地投身革命运动之中。随着各地起义此起彼伏，逐渐走向成熟的瓦格纳也积极地投身于这些运动之中，这些经历促进了瓦格纳歌剧思想的形成与发展。

风暴洗礼中前行

自16世纪以来，以高超的炫技和华丽的服饰而著称的意大利正歌剧和以优美的法语而深受人们喜爱的法国歌剧成为当时音乐界的主流。到18世纪，歌剧作为一种表演艺术已经风靡欧洲。生于德国南部巴伐利亚州的克里斯托弗·威利巴尔德·格鲁克是一位著名的作曲家。他认为意大利歌剧的表演形式太过呆板，歌唱演员由于过分注重声乐演唱技巧而破坏了戏剧的连贯，歌剧中比音乐更重要的是内容的深刻性，音乐应当为剧情服务，而不是剧情的"主人"。他主张歌剧回归简单、朴素，将歌剧的发展带入一个全新的时代。一个世纪以后，他的思想仍然活跃在一批音乐家心中，包括韦伯与瓦格纳。瓦格纳是歌剧改革思想的集大成者，他不仅继承了传统，更在其中融入了自己独特的主张，其"乐剧"的创作为德国甚至整个欧洲的音乐开创了一个崭新的时代。

1834年，21岁的瓦格纳经过对音乐理论与演奏的认真学习，已经成为一名年轻而杰出的作曲家，并创作了他的第一部歌剧《仙女》。遗憾的是这部拥有韦伯作品遗韵的歌剧一直无法公演，直到1883年瓦格纳去世后才在慕尼黑首演。失败对他来说并不意味着放弃。很快，根据莎士比亚作品改编的第二部歌剧《爱情的禁令》完成了，并于1836年进行了首演，但反响平平。瓦格纳的两部早年作品在当时都没有引起重视。在此期间，他与第一任妻子敏娜相识，于1836年结婚，组成家庭。这是一段不幸的婚姻，因为一年后妻子便离开了他，因为他没有稳定的收入；这也是一段幸运的婚姻，因为在瓦格纳最落魄的时候，敏娜陪在他身边。

树荫匝地的小路

妻子离开后，瓦格纳一路追寻她到了德累斯顿敏娜的父母家，然而敏娜明确地告诉瓦格纳，只有他找到工作并有稳定的收入才愿与他一起生活。对于当时的瓦格纳来说，爱人是最重要的，他希望可以维持自己的爱情与婚姻，很快他在里加（拉脱维亚首都）的戏院找到了音乐指挥的工作。瓦格纳对于音乐有自己的执着，但是这份执着让他与现实社会格格不入。工作刚刚安定不久，他擅自把自己的作品安排在剧院的节目单上，使剧院的指导很不满意，因此他被迫辞去了自己的职务。瓦格纳

石头上的故事

又一次失业,债主们也随之追上门讨债。这一次,他对约束重重又格调低俗的德国音乐彻底失望了。哪里能实现自己的音乐理想?哪里能过上安定的生活?他将目光锁定在世界艺术之都——巴黎。

1839年,瓦格纳打算携妻子越过俄国边界,走一段海路前往伦敦。途中他们遇到了巨大的风浪,不得不在挪威海岸躲避。船只驶进平静的峡湾,这里没有滔天的巨浪,四周到处都是巨大而坚固的礁岩。水手们下锚收帆,他们彼此间雄浑有力的号子声,在巨大的花岗岩间回荡着。那呼喊声里隐藏着铿锵、高亢的节奏,瓦格纳从中汲取了灵感,创作了《漂泊的荷兰人》中的《水手之歌》。同年8月,瓦格纳与妻子和爱犬一起乘轮船进入法国,在巴黎定居,之后他开始了《漂泊的荷兰人》与《黎恩济》中第三、第四部的谱曲工作。《漂泊的荷兰人》是一部三幕浪漫歌剧,也是瓦格纳第一部传世之作。剧本取材于北欧传说,一个青年因魔鬼的诅咒而漂泊在海上,7年才能上岸一次,只有寻觅到真爱之人才能破解诅咒,因此青年踏上了寻爱的曲折旅程。1843年,此剧在德累斯顿的首演并没有引起反响,瓦格纳超前的戏剧理念没能满足当时观众的戏剧审美需求,因而未被接受。这部作品是瓦格纳创作生涯的一个转折点和里程碑,从此以后,他开始完全步入自己的内心世界,用属于自己的独特歌剧语言创造了西方歌剧发展史上不朽的神话传说。

七月革命后的巴黎是平民掌权的黄金时代。追求时尚的贵族渐渐舍弃了歌剧,中产阶级则取而代之。瓦格纳本对巴黎充满幻想与希望,却不想只是开始了一段贫困潦倒、备受屈辱的日子。在这里,他真正尝到了饥饿的滋味,甚至曾因为欠债被捕入狱。

1840年,他通过别人的引荐与海涅相识,从海涅那里获得了《汤豪舍》的素材。这一时期的他运气差到极点,不得不靠写作来挣些小钱以填饱肚子。对他灵感有所启发的,是霍夫曼的小说。他依据霍夫曼小说写了几部小说体音乐故事。在这些故事中,他表现了真正的艺术与现实环境之间的矛盾,如《对贝多芬的朝圣》和《巴黎城中的结局》等。除海涅外,瓦格纳还结识了当时最负盛名的几位艺术家,其中当属李斯特对他后期的创作与生活影响最大。

在巴黎三年饥寒交迫的生活中,他看到了市民资产阶级社会的最发达形式,即"有毒的金钱经济"①:人民的贫困和以罗斯柴尔德家族为代表的银行家们的奢侈生活。在这个巨大的金钱旋涡中,瓦格纳昔日所拥有的坚定信念逐渐被置于尴尬的境地:他以歌德、贝多芬和韦伯的崇拜者、艺术的继承者自居,但贫穷却让他不得不坠入这个力图将所有艺术变成商品的工业社会中。巴黎使瓦格纳大大地开阔了眼界,同时也深刻地改变了他的世界观。

穷困潦倒的生活令瓦格纳变得能屈能伸,在可怕的现实条件下,他的精神和心智得到了升华,见解更加深刻。1842年瓦格纳返回德累斯顿后,迎来了创作的高峰期。在德累斯顿的宫廷歌剧院,他担任指挥并

---

① 陈默. 瓦格纳[M]. 北京:东方出版社,1997:22.

继续写作。《汤豪舍》及创作5年之后才在魏玛首演的《罗恩格林》都是这一时期的作品。在这些歌剧中，观众慢慢地了解了瓦格纳和他的歌剧音乐，同时慢慢地明白原来他剧作中的音乐是用来叙述剧情的。

在6年时间中，瓦格纳常与激进人士交往，也曾参与过1849年的"五月革命"，以致遭到追捕，被迫流落异乡，直到1862年才返回德国。瓦格纳在瑞士的苏黎世住了将近10年，在凄苦的日子中他仍坚持读书创作。1849年出版的《未来的艺术作品》一文中阐述了他的"整体艺术"思想，即歌剧中音乐、歌唱、舞蹈、诗句、视觉艺术及舞台技术要融为一体。令人惊叹的是现代艺术至今仍深受这一观点的影响。

早在1848年，在瓦格纳逃亡之前他已经着手创作四联剧《尼伯龙根的指环》纲要。他首先写了《齐格弗里德之死》，到苏黎世之后又创作了作为男主角背景补充的《年轻的齐格弗里德》。《尼伯龙根的指环》是一部大型乐剧，取材于德国中世纪的民间史诗《尼伯龙根之歌》，由于深受古希腊悲剧精神与形式的影响，歌剧中弥漫着浓浓的悲剧氛围。剧中瓦格纳以众神、巨人、侏儒、英雄和凡人围绕金指环的激烈争夺和复杂纠葛为主线，用象征的笔法深刻揭示了契约与背叛、权力与爱情、生存与毁灭等人类社会的诸多基本问题。主导动机上系统性与灵活性的统一、无言乐队对人物深层心理的多维暗示、人声与乐队所形成的高度复杂的对位关系，以及对局部细节与宏大结构的非凡驾驭能力，都使得整部戏剧达到了无与伦比的高度。[①]1852年，瓦格纳创作了《女武神》及《莱茵河的黄金》两部戏，并把之前写好的两出戏加以修改调整，使四部作品在结构上更加符合主题，连接更加紧密。《尼伯龙根的指环》四联剧按情节结构依次由《莱茵河的黄金》《女武神》《年轻的齐格弗里德》《齐格弗里德之死》四部既相联又相对独立的四部戏剧组成，

---

① 参见杨九华. 瓦格纳乐剧《尼伯龙根的指环》思想寓意研究[M]. 上海：上海音乐学院出版社，2006：290.

故居外景

其中第三部后改名为《齐格弗里德》，第四部则改名为《众神的黄昏》。1857年，瓦格纳已经完成四联剧的剧本创作，前两部剧作及第三部的第一、第二幕的谱曲工作也相继完成，但第三幕却推迟到十几年之后才得以完成，因为当时德国乃至欧洲已经没有任何一家剧院能够上演这样规模宏大、布景复杂、对后台要求极高的四联剧。

在《尼伯龙根的指环》创作过程中，许多人曾反对将如此大型的叙事诗改写成歌剧脚本，他们认为这样庞大的脚本无法配乐，但瓦格纳成功了。200多个主导动机如血脉般贯穿全剧，"指环"主导动机作为全剧主线贯穿始终。整部剧因为主导动机的使用，使得音乐与剧本、剧中的人物和情节紧密地联结在一起，从而实现了音乐服务于剧情、人物塑造与烘托气氛的作用，使全剧浸润在"指环"所引起的魔幻氛围之中。

魏森冬克是一位诗人，他的妻子玛蒂尔德比他小14岁。魏森冬克对瓦格纳推崇备至，并且出资赞助瓦格纳。1857年，他把瓦格纳接到自己的别墅中进行创作。瓦格纳着手谱写另一部传世名作《特里斯坦与伊索尔德》。《特里斯坦与伊索尔德》中的乐曲在很多评论家的眼中是现代音乐的开始。其间，瓦格纳与玛蒂尔德的感情发生了微妙的变化，可以说瓦格纳非常依恋玛蒂尔德，对于瓦格纳来说，玛蒂尔德就是他灵感的源泉。不过，两人的感情没有超过伦理的界限。后来，瓦格纳先后旅居威尼斯、巴黎。这一时期他完善了《汤豪舍》的谱曲。1861年,《汤豪舍》在巴黎的首演以失败告终。原来,巴黎的歌剧演出都把舞蹈放在第二幕,而瓦格纳将歌剧的舞蹈部分放在序曲后段。这样的做法引起了业内人士的极大不满,《汤豪舍》在巴黎演出三场后就草草收尾。同时,《特里斯坦与伊索尔德》在维也纳的排练也遇到巨大困难,这导致瓦格纳经济状况更加窘迫。

梦想国度的呼唤

1862年,18岁的路德维希二世继位为巴伐利亚国王。这位德国南方最富有、最重要的国王对瓦格纳的后半生影响深刻。

这位年轻的君主很早就开始关注瓦格纳,也很欣赏瓦格纳的才华,二人的戏剧理念相契合,他下定决心要让瓦格纳的作品上演。路德维希二世登基后,他马上邀请瓦格纳到慕尼黑,并且帮瓦格纳还清了债务,还答应为《特里斯坦与伊索尔德》《纽伦堡的名歌手》安排演出。路德维希二世喜爱静谧的湖泊和森林,讨厌喋喋不休的女人与政客。这位思想极端浪漫的年轻国王与年长的瓦格纳之间的友情是历史上非常奇特动人的一段故事。

《特里斯坦与伊索尔德》在经过惊险的排练后,于1865年的夏天在慕尼黑首演。此时距瓦格纳上一部乐剧的首演已近15年。随后,《纽伦堡的名歌手》《莱茵的黄金》以及《女武神》相继上演。经历了无数次挫折、嘲讽、漠视、失败的泥淖之后,瓦格纳终于迎来了胜利女神的眷顾,荒凉而贫瘠的土地也终于迎来了生命的爱抚,瓦格纳凭借着坚强的意志与不屈的精神,奋力走向艺术创作的奥林匹斯之巅。

彪罗是李斯特的学生,同时是瓦格纳的崇拜者,勤奋而有天赋,他的太太科西玛是李斯特的女儿,二人育有两个孩子。随着彪罗的成功,他与科西玛的沟通日益减少。有时瓦格纳会来拜访,科西玛与瓦格纳二人经常散步聊天,渐渐地科西玛对瓦格纳产生了感情。瓦格纳比科西玛

瓦格纳与妻子

整整大 24 岁，但年龄的巨大差距在他们看来并不是问题。他们的关系渐渐地在社交圈子里传开。不久，科西玛去探望父亲，彪罗搬进了旅馆，二人的婚姻即将破裂。李斯特对于科西玛感到十分失望，他与科西玛一起回到了慕尼黑，去会见了瓦格纳，之前他们已经很久没有见面了。李斯特告诫瓦格纳应当马上终止这段关系，停止与彪罗一家的接触。瓦格纳向李斯特表达了自己对科西玛的依恋，最后，两人不欢而散。

1865 年 4 月 10 日，科西玛生下了一个女孩，取名伊索尔德，这是她与瓦格纳的第一个孩子。1867 年，科西玛生下了她与瓦格纳的第二个孩子伊娃。1869 年 6 月，科西玛与瓦格纳的第三个孩子，也是唯一的男孩齐格弗里德出生。1870 年，二人举行了婚礼。不久，彪罗离开了慕尼黑，终生没有再婚。瓦格纳认真承担起做父亲的责任，细心地照顾着孩子们。

1870 年，法国对普鲁士宣战，年过五旬的瓦格纳再度被国内洋溢的爱国情绪所感染。德国对他而言不再是地理名词，而是真正的祖国，普鲁士在"铁血宰相"俾斯麦的掌管下注定要走向统一。为了建成属于德国的歌剧典范——乐剧，为了祖国能从别国的阴影下走出，瓦格纳开始向自己人生中最伟大的目标进军——建立瓦格纳剧院。

1871 年，瓦格纳与科西玛第一次来到拜罗伊特。瓦格纳喜欢这座恬静的小城，更喜欢附近的村野。1872 年，瓦格纳决定在这里定居。他要在这里建造理想剧院，并在这里首演《尼伯龙根的指环》。瓦格纳

主人如大树伟岸

的理想得到了拜罗伊特议员慷慨而热情的支持。带着一份优越与自豪感,他们同意提供一大片名为"绿丘"的公共土地供瓦格纳建造"拜罗伊特节日剧院"。

1872年5月22日是一个重要的日子,这一天是瓦格纳59岁的生日,天上下着倾盆大雨,路上的污泥深及脚踝,有很多人前来观看奠基典礼。上午11点,戏院的第一块基石奠下。路德维希二世发来电报祝贺:"今天,我与你在精神上的结合较以往来得更紧密。"[1] 随着军乐队奏起的《忠诚进行曲》,剧院的基石连同装着国王的电报和瓦格纳的短诗的小盒缓缓落入地穴中。瓦格纳举起锤子敲了三下:"祝福你,我的基石,愿你持久,愿你坚牢!"他转过身来时,泪水已打湿了双眼。一生的梦想,终于在人生暮年得以实现。1874年4月28日,瓦格纳一家搬进了由路德维希二世捐赠筹建的瓦恩弗里德别墅。瓦格纳凭借卓越的智慧和能力,

---

[1] 钦瑟罗. 歌剧宗师:瓦格纳传[M]. 梁识梅,译. 北京:中国文联出版公司,1987:142.

在人生暮年终于被各个阶层所接受。这里再没有敌人无休止的攻击；这里，他以音乐交友，训练歌唱者，并接待剧展嘉宾。别墅入口的上方镌刻着他的一句诗：我的苦痛在此处寻得了安宁，且让此屋名曰"苦痛中的安宁"。

1873年春天，拜罗伊特节日剧院本应竣工并进行首演，但由于经费欠缺，施工并未完成。为了筹款，瓦格纳只得四处奔波，担任指挥赚钱，同时在几个城市建立"瓦格纳协会"来募款。一年后，路德维希二世再次出资帮助瓦格纳，剧院于1875年竣工。1876年夏天，在这个剧院内，四联剧《尼伯龙根的指环》进行了首演。演出盛况空前，包括德意志皇帝威廉一世、巴西皇帝佩德罗二世、巴伐利亚国王路德维希二世、尼采、柴可夫斯基、李斯特在内的众多社会名流纷至沓来。瓦格纳在自己建造的乐园中实现了一个音乐家的梦想。

尽管社会各界对这次演出的评价颇高，但瓦格纳对这次盛大的演出十分不满意。这部连演四夜的大型戏剧，演出后竟出现巨额亏损，这使得瓦格纳不得不到各处担任指挥以募款。这期间他开始创作最后一部乐剧《帕西法尔》。这部乐剧取材于德国中世纪诗人沃尔弗拉姆·冯·埃申巴赫的史诗《帕西法尔》，剧中男主人公帕西法尔历尽艰险夺取圣杯进而成为圣杯骑士。整个剧情与基督教中关于圣杯的传说有关，全剧充满着虚幻的色彩，第二幕中仙子们大规模的十二重唱堪称最华丽的乐章。然而瓦格纳好友尼采却对这华美而瑰丽的乐章大加挞伐，称其充斥淫欲与诱惑，是堕落的象征，认为这是一部毫无人性而远离生

瓦格纳墓地

拜罗伊特歌剧院

活的作品。甚至在1888年,尼采写了《瓦格纳事件》等文来对故友进行彻底的批判与清算。至此两人彻底分道扬镳。1879年后,因为身体的原因,瓦格纳连续四个冬天都是在意大利度过的。1882年,为了《帕西法尔》的首演,瓦格纳举办了第二届"拜罗伊特歌剧节"。8月29日,在此剧最后的一场演出的第三幕开始时,瓦格纳悄悄进入乐池,接过指挥棒,完成了第三幕的演出。这也成为他毕生最后一次指挥。

歌剧节结束后,瓦格纳与妻子前往威尼斯过冬。1883年2月13日,瓦格纳因心脏病突发在运河旁的旅馆中逝世。他的遗体被送回拜罗伊特,葬在瓦恩弗里德别墅的花园中。

结语

1813年,学者让·保罗曾在拜罗伊特说:"上帝总是用一只手给人以写诗的天赋,而用另外一只手给人以音乐的天赋,但这些人总是相隔甚远,所以我们仍然在期待一个两全其美的人出现。"瓦格纳的出现,让他的预言成真。

  瓦格纳天生叛逆，不循规蹈矩。他拥有无与伦比的音乐天赋、曲折的人生经历以及晚年平静的理想归宿。在作曲、编剧、指挥、导演、评论等方面，瓦格纳都相当有成就。他是西方音乐史上划时代的大师，是先驱，是革命者。他从格鲁克与韦伯的手中接过了重振德国歌剧的大旗，并积极开拓，成为时代的先锋。他吸收了浪漫主义音乐的一切成就，他以高度的独创性为人类文化做出了杰出的贡献。他坚持剧本与音乐并重，坚持乐队与歌手并重，确定了歌剧剧情内容的重要性。在他的作品中存有古希腊悲剧的崇高精神，一个个奇幻的故事从源远流长的德国民族文学中被提取出来，体现着古老德意志的民族特色。他确立了德国"乐剧"的独特题材，唤醒了沉睡于谷底的德国歌剧，并将之推向世界乐坛，使之成为一种独特的符号。他因激进、前卫而饱受争议，但却始终坚守内心的理想。他与贫困、失败、厄运不屈不挠地抗争，最终站上了世界音乐的神坛。他永葬于拜罗伊特，他的乐章将载着他的精神，恒久流传。

（撰稿：陈琛）

参考文献

贝克. 西方音乐的历史 [M]. 陈小菊, 译. 西安: 陕西师范大学出版社, 2009.

陈默. 瓦格纳 [M]. 北京: 东方出版社, 1997.

戈德弗瓦德. 发现之旅·瓦格纳: 世界终极的歌剧 [M]. 周克希, 译. 上海: 上海译文出版社, 2004.

尼采. 悲剧的诞生 [M]. 赵登荣, 范文芳, 黄燎宇, 译. 桂林: 漓江出版社, 2007.

钦瑟罗. 歌剧宗师: 瓦格纳传 [M]. 梁识梅, 译. 北京: 中国文联出版公司, 1987.

任会明, 彭丽婷. 莱茵河的黄金 [M]. 北京: 社会科学文献出版社, 1998.

杨九华. 瓦格纳乐剧《尼伯龙根的指环》思想寓意研究 [M]. 上海: 上海音乐学院出版社, 2006.

杨九华. 瓦格纳乐剧《尼伯龙根的指环》中主导动机的初探（上）[J]. 黄钟, 2005（2）.

杨世彭. 聆赏乐剧歌剧22年全记录之一——瓦格纳的生平及乐剧作品 [J]. 歌剧, 2017（5）.

威尔第

在意大利北部的波河平原，有一座美丽而古老的小城——布塞托，地处克雷莫纳、皮亚琴察、帕尔马这三座大城镇的中间。这个名不见经传的小城因为一位伟大的歌剧作曲家名扬世界，许多音乐家、音乐爱好者、学者、旅游者前来追寻他的踪迹，这位歌剧作曲家便是意大利"歌剧之王"朱塞佩·威尔第。虽然米兰是威尔第一生中大部分时光所在之处，但布塞托却以威尔第早年生活于此而骄傲，现如今的布塞托，到处都有威尔第的印记。

布塞托市中心最重要的广场被命名为威尔第广场。市政宫帕拉维奇诺城堡矗立在广场中央，古城堡前有一尊威尔第的青铜像，音乐家高坐在一把椅子上，深邃的目光投向远方。在古城堡的北翼有一个280座的豪华剧院，这便是威尔第剧院。在威尔第广场另一头，与帕拉维奇诺城堡遥遥相望的是一栋两层的古建筑，现如今是"威尔第之友协会"的会址。协会里有一个能容纳百人左右的大厅，年轻时的威尔第经常在此谱曲练唱，这里现在仍经常举办各种小型音乐会。穿过大厅便是"威尔第生平展"的展厅，展厅里收藏了威尔第自12岁开始作曲的大部分手稿，威尔第各个时期的肖像、雕塑及各个时期举办的威尔第音乐会的海报。介于帕拉维奇诺城堡与帕拉维奇诺别墅之间的古建筑是意大利威尔第国立博物馆,来自世界各地的人们可以通过参观这座博物馆来了解音乐天才威尔第的生平、作品以及诸多让世人津津乐道的故事。

富有传奇历史的布塞托是一个音乐氛围浓厚的小城。布塞托人认为"音乐是生活的理由,是所有事物的源泉"。为了纪念威尔第,自 1961 年以来这里每年都会举办威尔第国际声乐比赛。该比赛已成为世界各地的年轻歌唱者们崭露头角的重要舞台。

"歌剧艺术"是意大利文化的灿烂篇章,而威尔第则是 19 世纪意大利最有影响力的歌剧音乐创作者。当欧洲许多的年轻作曲家都追捧瓦格纳为代表的德国"交响化"的歌剧时,威尔第并未随波逐流,而是在尊重瓦格纳的前提下,学习贝里尼、多尼采蒂、罗西尼等作曲家的精华,继承并发扬了意大利歌剧的优秀创作传统,使意大利歌剧绽放出新的光芒。可以这样说,他的艺术生涯本身就是一部 19 世纪下半叶的意大利歌剧史。

坎坷的少年时期

在布塞托东南约 4 公里的地方,一个宁静、毫不起眼的小村庄坐落在广袤无垠又富庶的波河平原上,这个村庄叫隆科莱。村庄的中心位置有一座教堂,教堂附近的路边有家简陋的农舍。农舍分为两层,一楼是年轻夫妇经营的小杂货铺,二楼是这对夫妇的起居室。小杂货铺里不仅供应各种各样的杂货和食品,它还是一个驿站,有几间客房供往来的商人住宿。小杂货铺的主人名叫卡洛·威尔第,他的家族已经有六代居住在此地,祖辈一直经营着牲口的买卖。他的妻子露伊齐娅·乌迪妮是来自外省皮亚琴察的姑娘,她勤奋热情,深得村民及来往客人的喜爱。

热火朝天的葡萄收获季节过去后,凄凉又萧瑟的秋天便来到了。1813 年的 10 月阴雨连绵,10 月 10 日,星期日,这注定是个不寻常的

威尔第故居（意大利帕尔马）

日子。晚上9点钟左右，隆科莱村庄的天色已黑，整个村庄笼罩在灰蒙蒙的雾色中，杂货铺的客人即将散尽，随着一声啼哭，未来意大利的伟大歌剧作曲家——朱塞佩·福图尼诺·弗朗切斯科·威尔第降生在这个世界。威尔第是卡洛夫妇结婚八年后所生的第一个儿子。看着这个姗姗来迟的儿子，卡洛满心欢喜，希望儿子早些长大，长大之后可以接手经营自己的杂货铺；如果家庭经济条件允许的话，还可以让儿子成为一名神父。殊不知，从一出生，威尔第便注定将拥有与父亲所期待的不一样的人生。

小威尔第身体虚弱，性情孤僻古怪，沉默寡言，从小就对音乐展现出极大的兴趣。威尔第7岁时去教堂参加礼拜，沉迷在教堂的管风琴音乐声中，如痴如醉，忘了正在举行的仪式，旁边的神父火冒三丈，给了他一脚，他顺着祭坛的台阶滚了下去，爬起来逃出了教堂。从那以后，尽管小威尔第每天得花不少时间帮助家里干各种各样的活儿，但他只要一有时间就会跑到教堂，沉浸在音乐的天堂里。父亲卡洛看到了威尔第

院内景色

对音乐的痴迷，于是在威尔第8岁时，在家庭并不富裕的情况下为他买了一个斯频耐琴（钢琴的前身，意大利古代一种长方形的小型羽管键琴），并请教堂的管风琴师彼得罗·巴伊斯特罗基教授儿子音乐。经过巴伊斯特罗基三年的教导，威尔第不仅把斯频耐琴弹得很好，而且掌握了基本的乐理知识，开始练习作曲。1822年，威尔第在父母的呵护下念完小学，但此时，这对清贫的夫妇陷入了两难的境地，如果威尔第将时间和精力花在打理小杂货铺上，或者是去其他地方挣点钱，都可以减轻家庭负担。但是，威尔第出众的音乐天赋和才华，让作为父亲的卡洛·威尔第不知道如何是好。卡洛在与酒水批发商安东尼奥·巴拉齐的一次交谈中，说到了自己的烦恼，这位酷爱音乐的商人认为威尔第很有可能成为作曲家，劝卡洛让孩子继续上学，卡洛也不想浪费儿子的音乐天赋，便决定让威尔第继续上学念书。

1823年的深秋，卡洛把10岁的小威尔第送到布塞托去上学，并且让他寄居在一个名叫普尼亚塔的鞋匠家中，每天需要支付30个生丁。为了给辛苦工作的父母减轻负担，懂事的威尔第每逢星期日或节假日，就步行回到自己的村子里，替他那上了年纪的老师巴伊斯特罗基在教堂演奏管风琴。这样威尔第一年可以得到36里拉的报酬，这些钱差不多是付给普尼亚塔的食宿费的一半。但威尔第仍然觉得自己拖累了父母，因此他的日子过得格外简单朴素，他节衣缩食，几乎没有任何娱乐。对威尔第而言，唯一的也是最大的娱乐便是弹琴。商人巴拉齐对全心全意学习弹琴的威尔第十分满意，在威尔第11岁这年，将他送进了市立音乐学校，并且把他托付给老朋友费尔迪南多·普罗韦西照顾。值得一提的是，普罗韦西不仅是音乐学校的校长、教堂管风琴师，还是布塞托音乐协会指导员，富有才华，已创作了大量音乐作品。普罗韦西热爱自由，不在乎权力和名望。威尔第除了向他学习基础的音乐知识以外，还学到了热爱自由胜过一切的精神。此时的威尔第才刚刚开始他曲折且漫长的音乐之路。

15岁的威尔第没有进入宗教学校，而是在安东尼奥·巴拉齐的帮助下开始进行他的音乐创作，写下了最初的几部作品，其中包含了协奏曲、宗教音乐、交响乐、舞台音乐等。威尔第随后待在巴拉齐家里继续学习。为了表达对巴拉齐一家的感谢，他尽可能地帮助巴拉齐整理各种账单，并且教巴拉齐的女儿玛格丽塔唱歌弹琴。经过一来二去的相处与交流，两人之间慢慢产生了情愫。在布塞托的日子里，威尔第除了学习数学、语法等各种必修课之外，还学习音乐理论。但是，布塞托是个小城市，每个热爱音乐的人都会向往更高的音乐殿堂，威尔第向往着能去意大利北方的音乐中心——米兰继续进行更高层次的音乐学习。1832年，父亲卡洛向蒙特·迪皮耶塔慈善会提出了资助申请，帮助威尔第得到了4年的资助。在巴拉齐和普罗韦西的热情帮助下，18岁的威尔第来到米兰递呈了投考皇家音乐学院的申请。但是，由于已经超过了入学年龄，并且在考试中没有表现出非凡的才能，威尔第最终未能进入自己理想的音乐殿堂。这让他十分难过。他一直期盼着可以进入米兰皇家音乐学院深造，那里承载着他对音乐的梦想，承载着对父母辛勤付出的回报，承载着对玛格丽特爱意的表达。但无情的现实给了他沉重的打击，让他深深明白了现实和理想的差距。不过，这样的打击并没有让威尔第放慢对音乐执着追寻的脚步。威尔第开始跟随当时米兰著名的歌剧作曲家、音乐学院试唱练耳教师斯温琴佐·拉维尼亚学习，也时常去剧院观看演出，积累经验。

1836年5月，近23岁的威尔第与巴拉齐的女儿玛格丽塔步入了婚姻的殿堂。因为收入微薄，两人继续过着依靠巴拉齐帮助的生活。经过了多年的学习和磨难，威尔第终于开始了自己的歌剧创作生涯。

意大利革命的音乐大师

1836年，威尔第完成了他的第一部歌剧《罗切斯特》。虽然该剧最终未能上演，但让他体会到了歌剧的舞台戏剧性的魅力。1839年2月，威尔第举家迁往米兰。在这一年，他创作的《博尼法乔伯爵奥贝尔托》在斯卡拉歌剧院上演并取得了巨大成功。这部歌剧使他获得了创作三部新歌剧的合约，也正式拉开了威尔第的歌剧创作生涯。可是在《博尼法乔伯爵奥贝尔托》首演之前，威尔第的两个孩子接连被病魔夺去了生命。1840年，威尔第年仅27岁的妻子玛格丽塔去世，加上三部新歌剧中的第一部《王国的一天》一败涂地，这些都给年轻的威尔第带来沉重的打击，心灰意冷的作曲家打算放弃歌剧创作。

1842年，在斯卡拉剧院经理的鼓励下，威尔第创作了歌剧《那布科》。《那布科》是一部宗教题材的四幕歌剧，改编自《圣经·列王记》，讲述了耶路撒冷犹太人抵抗巴比伦王那布科入侵的故事。这是威尔第第一部成功的作品，也是他在作品中第一次表达出抵抗侵略、同情被奴役的人这一主题。威尔第说："这部歌剧可以说是我艺术生涯的开始。"没错，《那布科》于1842年3月9日在米兰斯卡拉歌剧院首演便取得了成功，赞美声盖过了多尼采蒂和乔瓦尼·帕契尼同时上演的歌剧，听众热烈赞赏，评论家也都给予正面的评价。尽管歌剧的旋律与和声结构简单，但是其动人甚至怪诞的节奏吸引着听众，不断冲击着他

故居前门

们的灵魂。第三幕第二场中的一段合唱《飞翔吧，思想，乘着金色的翅膀》又名《希伯来奴隶合唱》，是一篇异常纯洁的祷词，它像太阳一样散发着金色并且灿烂耀眼的光芒，表达了希伯来人在被征服者尼布甲尼撒王奴役期间，怀念故国、思念家园的心情，这段合唱成为这出歌剧最经典的片段。《那布科》是一部充满力量的作品，它所体现出的歌剧的魅力在舞台上迸发出震慑人心的力量，仿佛是烈日炎炎时突如其来的狂风骤雨，又像是一望无际的大海中汪洋恣意的惊涛骇浪。总之，这部作品一问世，在当时特殊的环境下就像一团火焰，不仅将威尔第的熊熊燃烧的激情展露出来，更让观众们的热情燃烧起来，甚至让整个意大利歌剧都燃烧了起来。《那布科》的成功使他一跃成为意大利一流的作曲家，将他推上了意大利"歌剧之王"的宝座。

从此之后，威尔第不断在作品中极力宣扬着民族独立的思想，不遗余力地赞美着笃信上帝的人民。威尔第仅有的一部用意大利诗歌创作的歌剧《第一次十字军中的伦巴第人》分为四幕十一场，题材取自当时受同胞敬仰的爱国诗人葛洛希未完成的同名长篇诗。威尔第在这部歌剧中以十字军骑士暗寓当时的意大利爱国者，预示了爱国主义运动的最终胜利。这部歌剧于1843年2月11日在米兰的斯卡拉歌剧院首演。在此剧中，威尔第以多种方式展现着他对新的音乐表现方式的探索。威尔第灵

故居内景

活地运用合唱,表现了恢宏震撼的场景,产生了扣人心弦的效果。他不仅写出了激昂热情的旋律,而且努力地使它和戏剧内容谐调一致,同时又充分发挥管弦乐的戏剧性功能,使此剧充满新鲜迷人的格调。尤其是第四幕中强有力的合唱《啊,天主,你从祖国上空》感动了所有意大利人,唤起人们的爱国热情,鼓舞了士气。1847年,威尔第完成了《马克白》的创作。该部歌剧是他创作风格的转折点,其音乐作品开始真正触及听众的心灵深处。威尔第在1849年完成的《莱尼亚诺之战》讲述了1176年伦巴第各城市的同盟军抵御德王巴巴罗萨侵略的故事。整部剧大气磅礴,激情澎湃,其中最动人的场面之一是男主角阿里哥遭受诬陷,被扣上通奸的恶名而被战友囚禁,但是性情刚烈的主人公因为忍受不了逃避为祖国荣誉而战的耻辱,在慷慨悲壮的"意大利万岁"高呼声中,从窗口跳入了波河之中。1849年的罗马正处在革命高潮的特殊时期,该剧在罗马的演出被视为一种爱国示威活动,具有极强的现实意义。更值得一提的是,《莱尼亚诺之战》第一幕的合唱曲《意大利万岁》后来成为革命人民的爱国歌曲。

19世纪20年代到70年代,意大利正处于奥地利统治之下,人民奋力争取国家的独立与统一。生活在这一时期的威尔第用自己的音乐参与到民族解放运动中，鼓舞着人民为民族独立而战斗，他被誉为用完美的歌声充分表达意大利精神的"民族英雄"，也因此获得"意大利革命的音乐大师"之称。而威尔第本人，则被意大利人视为统一意大利的精神领袖，连他的名字都被认为是全国统一的象征。在城墙上，曾写有无数的"威尔第万岁"的标语，既歌颂了这位作曲家，也表达了人民对驱逐外国侵略者、统一意大利的国王的拥护。

歌剧大师的创作高峰期

1850 年到 1851 年，威尔第创作了三幕歌剧《弄臣》，剧本由皮亚维根据法国著名作家维克多·雨果的讽刺戏剧《国王寻欢作乐》改编而来。剧中的主人公黎戈莱托貌丑背驼，在曼图亚公爵的宫廷里当一名弄臣。年轻貌美的曼图亚公爵专以玩弄女性为乐，而黎戈莱托常为公爵出谋划策，帮他干勾引朝臣妻女的勾当，这引起了人们的愤恨，最终导致黎戈莱托心爱的女儿吉尔达死亡。

在《弄臣》中，作曲家注重加强歌剧的戏剧成分，将这部歌剧的魅力用音乐手法展现得淋漓尽致，用咏叹调与重唱将剧中人物内心的感情变化和人物性格表现得极为深刻。威尔第曾经构想在《弄臣》里不要有抒情调，不要有终曲，用二重唱展现性格优柔寡断、内心情感变化多端的弄臣黎戈莱托，多情善变的公爵，富于诗意幻想的吉尔达三个不同的音乐人物形象。除了人物形象外，黎戈莱托与女儿吉尔达之间的亲情，以及与公爵曼图亚、大臣们之间的仇恨纠葛，也大都是借助二重唱来完成的。除了二重唱的运用，四重唱以及合唱的运用同样经典，展现了威尔第对歌剧重唱的发展和创新。歌剧《弄臣》中的四重唱《自从我那天见到你》是威尔第通过系统研究多尼采蒂的歌剧写就的。其中，威尔第用四个时分时合的声音，描绘了四个人物四种不同的心理动态和情感状态，使人物形象各具特色，牢牢抓住了观众的眼球，又在声音上和谐地融汇在一起，使其构成一个统一的整体。四个主题忽而交错，忽而重叠，将冲突的场面展现得生动形象又扣人心弦。这是意大利歌剧中最杰出的四重唱之一，与多尼采蒂歌剧《拉美摩尔的露琪亚》中六重唱一起，堪称歌剧重唱音乐史上的华美篇章。合唱在此歌剧中也发挥出了精妙绝伦的戏剧效果，威尔第以丰富的人声表现了暴风雨中的狂风、闪电和雷鸣。这一令人称赞的暴风雨场景源自罗西尼的歌剧《奥赛罗》第三幕的二重唱里形容暴风雨的管弦乐。显然，威尔第是在继承前辈们的歌剧创作传统的基础上，完成了自我突破，形成了自己独特的风格。在剧中，威尔第将普通人民的纯洁高尚的道德与贵族老爷的堕落腐朽行为进行对比，表达了对不平等的社会制度的谴责和对被压迫被侮辱者的深切同情。

1852年3月31日，《弄臣》在威尼斯凤凰剧院首次公演。为了在首演中给观众一个惊喜，威尔第直到演出的前一天，才把公爵的抒情歌《女人善变》的乐谱交给演员。果然，演出时这首歌一炮打响，一再被观众的欢呼声和掌声打断，这首曲子也成为后来许多世界著名男高音歌唱家举行音乐会和比赛演唱的必选曲目。《弄臣》的成功是19世纪意大利歌剧发展的一个转折，标志着传统歌剧阶段的结束，同时又标志着一种新型歌剧的诞生。

1853年2月19日，由马卡拉罗根据古特勒斯的同名戏剧撰写剧本，由威尔第作曲的又一部浪漫主义杰作《游吟武士》在罗马首演。在结束了《游吟武士》的演出后，威尔第立即着手歌剧《茶花女》的创作。歌剧《茶花女》改编自法国文学家小仲马的同名名著，由剧作家弗朗西斯科·皮亚维改编为歌剧脚本，威尔第花费了六周时间完成谱曲。全剧共三幕，于1853年3月6日首演于威尼斯凤凰剧院，并在进一步修改之后成为各歌剧院最受欢迎的作品之一，盛演不衰。小说《茶花女》故事本身是在一个丰富的文化背景下产生的真实故事，人物关系复杂，情节严谨。对于歌剧而言，其中一些世俗化的情节无法一一搬上舞台，于是，为了更加适应舞台，展现情感的冲突，威尔第在歌剧

室内壁炉

情节编排上采用大段的咏唱为峰回路转的跳跃情节做间奏。这样的改编处理使得矛盾更加集中、更加抽象而富有艺术性,也使爱情更加感人。该剧既有感人至深的剧情,又有催人泪下的音乐,如《饮酒歌》《啊!梦里情人》《及时行乐》等,已成为许多歌唱家的保留曲目,它们受欢迎到甚至可以被称作歌剧界的"流行金曲"。《茶花女》是全球上演率最高的歌剧之一,凄美动人的剧情和威尔第神来之笔的音乐使得这部歌剧曾有"世界歌剧史中的最灿烂的宝石"的美誉。小仲马曾无限感慨地说:"50年后,也许谁也记不起我的小说《茶花女》了,但威尔第却使它成为不朽。"[1]

1853年10月,威尔第来到巴黎,与巴黎大歌剧院签订了合同,开始构思《西西里的晚祷》。《西西里的晚祷》是威尔第在1855年根据历史事件,为巴黎博览会所写的,这也是剧作家第一次尝试写大型历史歌剧。该歌剧讲述了西西里人民反对法国压迫者的斗争过程。《唐·卡

---

[1] 吴刚. 你不可不知道的音乐常识[M]. 海口:南海出版社,2013:352.

洛斯》根据席勒的戏剧《西班牙王子唐·卡洛斯》改编而成，描写了菲利普王室政变和荷兰人民为谋求独立而起义，故事内容复杂且丰富。在此歌剧中，威尔第除了将男女之间、朋友之间、父子之间、夫妻之间的感情展现得淋漓尽致外，更是将国与国之间、教会与世俗国家之间的矛盾描绘得深刻、感人，令人震撼。这部歌剧成为威尔第歌剧中最出色的一部，在1855年6月

室内楼梯

巴黎国际博览会开幕时首演，一连演了50多场。1857年，威尔第又相继创作了《阿洛尔德》与《西蒙·波卡涅拉》。1859年2月18日，威尔第的又一部杰作《假面舞会》在罗马上演，再次获得巨大成功。这7部歌剧的成功奠定了威尔第歌剧大师的地位。这一时期，威尔第受到法国浪漫主义思潮的影响，技巧越来越成熟。这段时间他精研了很多文学作品，深刻地了解如何将文学与歌剧创作结合起来，让音乐自由地发挥。

在19世纪50年代至60年代中期的这段创作高峰期里，威尔第完成了《弄臣》《游吟诗人》《茶花女》《假面舞会》等7部歌剧，其中"通俗三部曲"——《弄臣》《游吟武士》《茶花女》更是成为歌剧史上的伟大里程碑，使威尔第在歌剧界的成就和声望迅速超过多尼采蒂和贝里尼，甚至超过了罗西尼，奠定了其歌剧大师的地位。

"古怪"的音乐家

威尔第从小便性情古怪，成年后，他的想法有时更让人难以理解。威尔第虽然钟爱自己的歌剧创作事业，但他却不喜欢称自己为音乐家，反而喜欢称自己是种地的农民。随着歌剧事业的成功，积累了丰厚财富的威尔第离开米兰，回到了家乡，购买田地，修建农场，他放弃了城市生活，过起了真正的农民生活，把乡村当成自己的归宿。

威尔第在创作的中后期，将主角定位为现实生活中有血有肉的普通人，着力表现世俗人情和社会悲剧，同情和赞美被欺压者。但就是这样一位在艺术中富有人性的音乐家，有时在个人的生活方面却显得不讲情面甚至是铁石心肠。在创作《弄臣》的日子里，威尔第解雇了照管地产的父亲，并且通过法律手段与父亲断绝了关系。1851年，正值威尔第创作《弄臣》最后一幕之际，一生贫困并为威尔第辛苦付出的父亲就这样被迫与儿子断绝关系。威尔第的母亲去世时正逢剧作家儿子创作《游吟诗人》，这位善良的老母亲不敢惊扰儿子，在一个炎热的六月悄悄地离开人世间。

1859年8月29日，45岁的威尔第不顾流言蜚语毅然娶了他的第二任妻子——44岁的朱塞平娜·斯特雷波尼。斯特雷波尼与茶花女有着某些相似之处，她是红极一时的歌剧女歌唱家，此前有过多位情人，还有私生子，在与威尔第同居时遭受了各种非议，但她是威尔第忠实的朋友和伴侣，为威尔第的事业提供了不小的帮助。斯特雷波尼与威尔第在一起的时候带了一位生父不详的儿子。一直等到这个儿子满21周岁，威尔第才同她正式结婚，因为继子满21周岁时才能在法律上自动解除对继父财产的继承权。在两人同居时，斯特雷波尼为威尔第生下多名子女，但孩子们一落地即被送到孤儿院。尽管斯特雷波尼后半生一直陪伴着威尔第，但却没有从威尔第那里得到任何财产。威尔第把自己的所有财产都给了他收养为女儿的侄女。

1869年，应埃及总督之邀，威尔第为苏伊士运河通航典礼创作了四幕七景歌剧《阿依达》。《阿依达》以古埃及传说为背景，讲述了埃及征服埃塞俄比亚时俘虏的女奴——埃塞俄比亚公主阿依达和埃及国王手下的勇士拉达梅斯的爱情悲剧，表现了爱情与爱国主义之间的冲突，反映出少女阿依达的爱国思想。为符合典礼的需求，威尔第采用了庆典性、应景性的歌剧形式，场面壮观，气势磅礴。在感情的表达上，这位对至亲之人冷酷无情的艺术家在创作《阿依达》时倾注了强烈的情感，将男女主人公为爱共赴黄泉的至诚表现得感人至深。该剧于1871年12月在埃及开罗首演。两个月后，《阿依达》在威尼斯上演。这部卓越的歌剧，再一次掀起了人们对威尔第狂热追捧的浪潮。观众极其亢奋，年逾60岁的威尔第出台谢幕竟多达40次。

1870年，声望卓著的威尔第当选为意大利众议院议员，但自称农民的威尔第并不喜欢参加政治活动，很少去罗马，他更愿意自己一个人在庄园里享清福。在这前后的一段时间里，他过着离群索居的生活。其间，威尔第还创作了《梅菲斯特费勒斯》，修改了他以前创作的《命运之力》。

1873年5月，威尔第好友、意大利诗人曼佐尼病逝。威尔第悲痛万分，为曼佐尼创作了一部《安魂曲》，也称《安魂弥撒》。1874年5月22日，威尔第在米兰圣马尔科大教堂亲自指挥演奏《安魂曲》演奏。在19世纪，这部作品是与贝多芬的《庄严弥撒》并驾齐驱的最伟大的宗教题材杰作，也是威尔第除歌剧之外最受欢迎的作品。自16世纪至今产生的1600多部《安魂曲》作品中，威尔第的《安魂曲》是上演最频繁的作品之一。此后的13年中，垂暮之年的威尔第除了对自己以前的作品《西蒙·波卡涅拉》和《唐·卡洛斯》做了修改外，没有创作新的作品。花费6年时间创作的《奥赛罗》，在威尔第多年歌剧创作的沉默之后，于1887年问世了。《奥赛罗》是威尔第根据莎士比亚的同名戏剧创作的，讲述了一个伟大的悲剧爱情故事。1887年2月5日，《奥赛罗》在米兰斯卡拉歌剧院首演。首演的那天中午，米兰的主要街道都被堵塞，人们

卧室

在斯卡拉歌剧院前高呼"威尔第万岁"！正如人们所预期的那样，首演的场面激动人心，一些国家的政要、文化名流和观众一起，如痴如醉地沉浸在剧情中，演出多次被欢呼声和掌声所打断。在《奥赛罗》中，威尔第采用"歌剧旧形式"来表现，但又彻底摆脱旧形式带来的束缚，对意大利歌剧做了许多改革，不仅运用了新的、综合的咏叹调——朗诵调风格，而且让剧中人物的声乐部分灵活而准确地配合着角色性格和精神活动，从而进一步丰富了意大利美声唱法的声乐风格，为意大利歌剧艺术向更高更新的方向改革前进做出了不可磨灭的贡献。《奥赛罗》的问世标志着威尔第的创作水平达到了高峰。

威尔第晚年的时候十分慷慨，做了不少慈善活动，他曾捐过奖学金，建过医院，遇到水灾也会解囊赈济。1889年，威尔第在米兰郊区买下一块地，打算建医院和疗养机构，并于1896年开始动工。威尔第让生活贫困的艺术家在这个名为"退休艺术家疗养中心"的机构养老，有趣的是，他还规定入院顺序，作曲家优先，其余依次为歌手、指挥、合唱团领队和器乐手。这个退休艺术家疗养中心直到今天还在发挥作用。

"飞吧,思想,乘着歌声的翅膀"

　　1893年,威尔第在80岁高龄创作了喜歌剧《法斯塔夫》。这既是威尔第最后一部喜歌剧,也是他漫长而辉煌的创作生涯中的最后一部作品,他把自己对人生的理解融入这部独特的喜歌剧中。纵观威尔第的整个创作生涯,他的作品以悲剧和正剧居多,绝大多数歌剧都是描写宏大的历史事件和其中人物的悲惨命运,而《法斯塔夫》虽然讲述中世纪英国贵族的生活,却充满了对贵族生活的鞭挞,幽默感十足。歌剧《法斯塔夫》取材自莎士比亚经典名著《亨利四世》和《温莎的风流娘儿们》,以自负而愚蠢的胖骑士法斯塔夫为主角,以他的荒诞行径为整部歌剧的发展主线,讲述了一部关于"人生不过是一场游戏"的诙谐故事。1893年2月9日,《法斯塔夫》的首演也大获成功。

　　与威尔第之前的作品相比,《法斯塔夫》在音乐和语言上更加超前与现代化。威尔第还使用了一些19世纪末特有的作曲手法让这部喜歌剧听起来与众不同。比如第三幕中法斯塔夫的唱段《盗窃的世界》

故居外景

中，在男中音进入之前有一个较长的引子，最开始是低音提琴的音阶爬升，之后大提琴、整个弦乐声部乃至铜管、打击乐器的加入共同奏响这一主题，这种让人耳目一新的风格体现了晚年时的威尔第仍然会迸发出创新理念。在《法斯塔夫》的创作中，作为歌剧革新者的威尔第根据所处的时代特点和戏剧本身的需要，在没有削弱人声地位的同时加强了乐队的作用和表现力，扩充了管弦乐队的编制，使乐队相对独立，不仅作为声乐演唱的伴奏，还起到了营造歌剧氛围、烘托人物形象的作用，与男中音相辅相成，展现出歌剧的丰富性和多样性。

如果我们现在翻开西方音乐史，会发现大量的意大利喜歌剧作品都创作于 18 世纪。威尔第是 19 世纪意大利歌剧改革的领导者。在歌剧即将迈入现实主义、即将踏入 20 世纪的最后时刻，《法斯塔夫》的横空出世巧妙地把意大利歌剧所经历的三个不同的时代完美连接在了一起，这也正是《法斯塔夫》被誉为奇迹的最重要因素。

1897 年 11 月，威尔第的第二任妻子斯特雷波尼去世。1901 年 1 月 27 日凌晨，威尔第因脑溢血在米兰猝然长逝，享年 87 岁。意大利政府为他举行了民族英雄式的葬礼，以悼念他生前的功绩。葬礼上，著名指挥家托斯卡尼尼指挥了由意大利各地音乐家组成的乐队和合唱团，有 20 万人参加了葬礼，送葬的队伍不约而同地吟唱了经典唱段《飞吧，思想，乘着歌声的翅膀》。到如今，这仍是意大利历史上规模最大的一次公众集会，威尔第在意大利人心目中的地位可见一斑。

纵观整个歌剧史，意大利作为歌剧的诞生地，引领了整个歌剧发展潮流。可以说，在意大利歌剧史上，再也找不出比威尔第更伟大的作曲家了，威尔第的成就代表了意大利浪漫主义歌剧的最高峰。威尔第用自己充沛饱满的热情、天才一样的创作力、永不枯竭的创新意识，向整个歌剧世界奉献了 27 部精妙绝伦的歌剧，此外他还创作了一些浪漫曲、重唱曲、宗教合唱和弦乐四重奏。就作品内容而言，意大利民族精神的领袖人物威尔第在进行歌剧创作时始终怀揣着一种社会责任感，站在国家的角度上表达人民对民族独立和自由的追求与向往，对当时的意大利民族复兴运动起了重要的推动作用。除此之外，威尔第始终保持着对人情人性的书写，绘声绘色地展现了精彩绝伦的故事情节、不同的人物性格、丰富的内心世界，还大胆地揭露了社会的黑暗面，具有很强的现实性与强烈的感染力。就作品本身而言，威尔第重视舞台效果，重视管弦乐队的作用，注重音乐与剧情的有机融合，通过它们来揭示戏剧冲突与人物情感。他通过不断探索，对意大利的歌剧传统进行着继承与创新。他在坚持采用意大利民间音调的基础上，采用将音乐分曲连贯的技巧不断丰富管弦乐，并且加大了独唱旋律在整个歌剧的比重，将其作为主要表现手段，提高其地位。威尔第在继承意大利歌剧传统的基础上形成了自己独特的风格，创作了大量不朽的经典歌剧作品，为歌剧发展指明了方向，为意大利美声唱法做出了极大的贡献，最终奠定了他世界歌剧大师的地位。

威尔第是欧洲现代歌剧奠基人之一，在整个西方音乐发展史中亦是一位划时代的人物，他不断从自身的经历中汲取养分，在扎根于传统的基础上，不断自我革新，把歌剧音乐推进到一个崭新的阶段。他以大量的优秀歌剧作品，推动了欧洲歌剧的发展，充实了欧洲音乐的种类和内容。威尔第可以说是意大利乃至整个欧洲歌剧史上最有分量、最受世人欢迎的巨擘。

（撰稿：邓雅丹）

参考文献

牛茹. 威尔第在歌剧发展史上的地位与贡献 [J]. 广西艺术学院学报, 2007, 27（5）.

索洛甫磋娃. 威尔第传 [M]. 买德颐, 等译. 北京: 人民音乐出版社, 1997.

吴刚. 你不可不知道的音乐常识 [M]. 海口: 南海出版社, 2013.

姚屹东. 论威尔第的歌剧创作 [J]. 理论界, 2006（5）.

赵玲. 革命性 民族性 现实性——论威尔第歌剧创作的艺术成就 [J]. 西南大学学报（社会科学版）, 2003, 29（3）.

施特劳斯

"你多愁善感,你年轻,美丽,温顺好心肠,犹如矿中的金子闪闪发光,真情就在那儿苏醒,在多瑙河旁,美丽的蓝色的多瑙河旁。香甜的鲜花吐芳,抚慰我心中的阴影和创伤,不毛的灌木丛中花儿依然开放,夜莺歌喉啭,在多瑙河旁,美丽的蓝色的多瑙河旁。"以诗人卡尔·贝克这首诗的重复句命名的圆舞曲作品——《蓝色多瑙河》,是奥地利作曲家约翰·施特劳斯(其父也名约翰·施特劳斯,为了以示区别,人们在他们名字之前分别加上"老""小"二字)最负盛名的圆舞曲作品。

被称为"世界音乐之都"的奥地利维也纳曾是舒伯特、马勒、布鲁克纳以及施特劳斯等许多音乐家心中的"梦想之地"。欧洲第二长河——多瑙河穿城而过,就像是一条蜿蜒伸展的五线谱,河边参差起伏的建筑物就成了其上跳动的音符,为这里带来了闲适的基调。小施特劳斯的一生就像多瑙河的水流一样,时而急,时而缓。无论是奥地利还是他旅行过的欧洲其他国家,甚至远隔大洋的美国,都有许多人为他狂热。在维也纳环城大道旁的城市公园前,矗立着一座被称为文化地标的约翰·施特劳斯金色纪念雕像。有关他的故事如同弥散在维也纳大街小巷的音符一般，遍布在整座城市中，令人动容。

深秋的维也纳乡村是温柔安静的。维也纳郊区维登的刺猬街上坐落着一所豪华住宅，这是一栋仿文艺复兴风格的二层楼房，按照小施特劳斯第一任妻子耶蒂的构想建造而成，小施特劳斯在这所住宅中度过了他的晚年时光。这里随处可见小施特劳斯生活的痕迹。一个精致的玻璃橱窗内摆放着两把小提琴，一把是老施特劳斯的，另一把则是小施特劳斯在1830年使用的阿马蒂。明亮的窗户可以让他从窗前俯视精心修剪过的花园，桌上的铜铃可使他随时呼唤家里人过来欣赏他刚构思出的旋律。他随时随地作曲，甚而根据梦中的灵感创作出了著名的管弦乐曲《梦境》与《肖像》。贤惠的妻子在住宅的各个角落都置上纸和笔，帮助他为世人留下了大笔宝贵的音乐财富。在诞生了无数杰出音乐家的土地上，小施特劳斯用他对音乐的坚持与热忱，在这里留下了浓墨重彩的一笔。他去世后，这条街随即被人们改名为约翰·施特劳斯街，以纪念他为音乐之都做出的伟大贡献。

在维也纳探寻小施特劳斯事迹的人，可以找到许多与他相关的纪念碑。位于维也纳第七区莱西费尔德大街15号的一座房子旁，有一块纪念碑，碑上写着"施特劳斯在这里诞生……"1825年10月25日，后来誉满世界的"圆舞曲之王"——约翰·施特劳斯在这里发出了第一声啼哭。这个孩子不仅继承了父亲的名字，同时也继承了父亲出色的音乐才华，日后成为父亲在音乐领域中强劲的对手，为世人留下了不朽的乐章。这所房子于1893年被拆毁，如今已难寻其踪。在小施特劳斯8岁的时候，他已随着父母搬过六次家，这里并没有在他记忆中占据多大篇幅，他却对这所房子有着深厚的感情，他偶尔会走到自己的出生地，一言不发地站在废墟前待很长时间。

小施特劳斯一生大部分时间都在夜以继日地创作。1826年，他的祖父母在北郊的撒尔曼村购买了一座带有绿地、花园和葡萄园的小屋。现在这座小屋仍然存在，屋旁可以找到另一块纪念碑，上面写着："曾经有个伟大的音乐家，人们叫他施特劳斯大师。谱写了第一首华尔兹，这房子也因此名扬天下。"他天赋异禀又勤勉不怠，一生创作了大约800首作品，包括170首圆舞曲、141首波尔卡、69首方阵舞曲、47首进行曲等，堪称奥地利音乐的领袖人物。约翰·施特劳斯的创作不拘泥于传统，奥地利音乐学家吉多·阿德勒曾称赞他的作品坚不可摧，是一种充满了艺术的马赛克式的拼接，并以独特的方式展现时代精神。因此，他认为小施特劳斯是奥地利精神音乐的代表。

父与子的协奏曲

施特劳斯父子的关系颇为复杂，如一首充满了竞争与协作、矛盾与和谐的奇妙协奏曲。纵观小施特劳斯的一生，父亲对他的音乐之路影响颇深。老施特劳斯脍炙人口的作品唯有一首《拉德茨基进行曲》，他在后来也仅作为一位天才音乐家的父亲而存在，但实际上，老施特劳斯对于商业性轻音乐的发展具有举足轻重的作用，他的音乐风格和表演方式都可以在小施特劳斯身上找到痕迹。研究表明，正是老施特劳斯创建了轻音乐这种现代的音乐类型，发明了小组创作、小组工作这种工作形式，创造出新的圆舞曲形式和音乐会圆舞曲，成为率乐队巡回演出的第一人，并创建了"表演指挥"这种模式。[①]事实上，直到1894年人们还把他称为"最伟大的舞曲作曲家"。父亲的坚持与父子二人的竞争成为小施特劳斯发展娱乐性音乐的最大动力，小施特劳斯站在指挥台上热情又充满活力的指挥动作，也无处不带有老施特劳斯的影子。

老施特劳斯在青年时代父母双亡，缺乏关爱，只有从音乐中寻找快乐。老施特劳斯少年时代靠做书籍装订工学徒得以糊口，直到他完全投身音乐，经过23年的执着努力，成为帝国皇家宫廷舞会的首席音乐指

---

① 参见林克. 约翰·施特劳斯[M]. 张晏, 译. 北京: 人民音乐出版社, 2006: 9.

施特劳斯故居（奥地利维也纳）

挥后，生活才得以改善。然而，这种对音乐的坚持与热爱并没有使老施特劳斯更加理解自己的儿子，反而成为年轻的小施特劳斯追求音乐之路上的最大阻碍。

也许由于老施特劳斯走过这条音乐道路，知道出人头地的艰辛，他殷切期盼着自己的儿子成为一名银行家。小施特劳斯毕业后，父亲便送他去上综合技术学校学习商科，还聘请了奥地利储蓄银行的高级会计师路德维希·沙伊尔专门为他教授会计学课程。此种做法却未能阻止小施特劳斯对音乐的热爱。在母亲的支持下，他继续跟随音乐老师学习乐理与作曲。

老施特劳斯的教育计划受阻后，他怒火中烧，和支持小施特劳斯的妻子大吵一架，离开了家。尽管如此，父亲依旧是小施特劳斯崇拜的音乐偶像，这一点在小施特劳斯的自传中被反复提及。虽然得不到父亲的认同，但他依旧殷殷追寻着父亲的步伐。

1844年8月4日，小施特劳斯为考试而作的四声部合唱曲《你将主宰全世界》在"九天使圣坛"教堂演出。这支合唱曲是按照固定模式写成的，但却可以看出他已基本具有了音乐创作的才能。也许，老施特劳斯已经预见到了儿子将是极具威胁性的竞争者，在一次法律诉讼中，他试图得到能够对他未成年的子女进行教育和职业目标上的干预权。1844年7月31日，维也纳市政府同时收到了两份申请书，一份是老施特劳斯的离婚起诉书，另一份是口头传达的申请："小约翰·施特劳斯想要成为乐团团长。"老施特劳斯与妻子安娜的斗争持续了5个星期，最终以老施特劳斯的失败告终。小施特劳斯终于在母亲的支持下脱离了父亲的控制，可以一展音乐才华了。同年10月，小施特劳斯与24名乐手签订了合同。这份合同的内容非常具有前瞻性，可以看出，小施特劳斯已懂得如何经营一个乐队。在一个星期的时间里，他已经把乐队训练得能够在公开场合正式演出了。

故居大门

1844年10月15日，小施特劳斯在现在的美泉宫公园酒店进行首演，并取得了成功。那年10月17日出版的《维也纳戏剧报》是这样报道的："他创作的曲目《追求恩宠者圆舞曲》《方阵舞》《波尔卡》和《心灵的诗篇圆舞曲》，都获得了热烈的掌声，并且观众一再要求再次演奏上述舞曲，《心灵的诗篇圆舞曲》甚至演奏了5遍。所有作品都有鲜明的风格，施特劳斯式舞曲得到了大家的喜爱，它的魅力令人难以抗拒。"

小施特劳斯的创作方式非常自由，或者说他根本就没有受到创作规则的限制。"包涵一切"的新精神在《心灵的诗篇圆舞曲》系列中得到了很好的体现，而这一精神证明了小施特劳斯得到了弗朗茨·舒伯特的真传。他的圆舞曲之间具有一种超越性的内在联系。在第一支圆舞曲中，小施特劳斯就以一种旋律膨胀的形式展示了一种穿越时空的精神上的连线。资深乐评人对小施特劳斯赞赏有加，法兰茨·维斯特博士更是写下了至今仍广为流传的一段话："晚安，兰纳先生！午安，老施特劳斯！早安，小施特劳斯！"①

也许正是因这些铺天盖地的赞誉和从不间断的对比，让老施特劳斯逐渐有了危机意识。"这一切引起了意料之外的轰动，但是我父亲好像没有听说什么，他是什么都不想听。"②老施特劳斯感受到了威胁，开始更加积极地参加社交活动，并且试图收买一些评论家，写一些恭维自己的文章。而小施特劳斯则步步为营，一步一步地征服了父亲的固定演出酒店，取得了演出权。

渐渐地，老施特劳斯不得不和儿子划分他在维也纳的领地。老施特劳斯在第一市民乐团任团长，小施特劳斯则担任了第二市民乐团的团长；偶尔施特劳斯父子和他们的乐队也会不期而遇——父亲身着红色制服，儿子则穿着蓝色的制服。父亲为爱尔兰作曲家迈克尔·巴尔夫的歌剧创作了一首方阵舞奉献给维也纳的观众，儿子紧随其后也创作了《爱之泉方阵舞》，并也通过巴尔夫取得了成功。父子之间总是爆发新的争执和新一轮的竞争，这直到1847年夏天才停止。小施特劳斯曾对此充满感慨，在他取得了一些成绩后，父亲与他和解了，得到了父亲的认可是他追求艺术道路中最美好和愉快的回忆。

"我父亲是一位上帝恩赐的音乐家。如果他内心的愿望不是那么难

---

① 吕昕.世界音乐巨匠：约翰·施特劳斯[M].北京：西苑出版社，2003：11.
② 林克.约翰·施特劳斯[M].张晏，译.北京：人民音乐出版社，2006：46.

以抗拒的话，那么他青年时代所遭遇到的困难完全可以迫使他走向不同的人生道路。"① 父亲的形象依旧清晰地保留在小施特劳斯的脑海中，他在父亲去世近 40 年后感慨地说出的这两句话，也同样适用于小施特劳斯自己。

革命进行曲

1848 年欧洲革命爆发，这场平民与贵族间的争斗汹涌磅礴，势不可当，一直扩展到了奥地利帝国。1848 年 3 月 13 日，在法国二月革命的影响下，维也纳的工人、大学生及市民联合起来推翻了梅特涅政府，梅特涅化装成女人仓皇逃离维也纳。彼时的小施特劳斯正在第二次艺术巡演的道路上，他和他的乐手们经过佩斯特到达贝尔格莱德和布加勒斯特，直到 1848 年 5 月才回到了维也纳。这时，维也纳的音乐氛围已大不如从前，在布加勒斯特演奏的充满田园风情的新作品与维也纳残酷的现实形成了鲜明的对照。

小施特劳斯很快意识到了这一点，在动乱的年代，谁还有兴致听那些靡靡之音呢？因此，刚一回到维也纳，小施特劳斯就创作了接轨现实的《街堡之歌》《革命进行曲》和《大学生进行曲》。他用《戏谑波尔卡》来取笑利古里亚人，用《布尔诺的民族卫队》来支持在 8 月 15 日向布尔诺挺进的维也纳民族卫队。他甚至与 14 个奥地利侨民一道，在布加勒斯特冲进奥地利总领事馆，拔出佩刀，逼着总领事交出权柄。② 小施特劳斯的举动引起了宫廷中人的不满，他的作品一度被禁演。从 8 年后展出的由当时警察署长陆军上尉约翰·肯普恩所拟的一份报告中可以看出，约翰·施特劳斯曾是市民乐团的团长，在 1848 年该乐团解散之

---

① 林克. 约翰·施特劳斯 [M]. 张晏，译. 北京：人民音乐出版社，2006：10.
② 参见吕昕. 世界音乐巨匠：约翰·施特劳斯 [M]. 北京：西苑出版社，2003：17.

木窗

后，在民族乐队中担任了类似的职位。22岁的他竟然率领他的乐队谱写革命进行曲，在维也纳被围困期间还在许多公开场合演奏随想曲以唤起人们对1848年的革命事件的回忆。当报告寄到当局时，梅特涅首相早已逃亡，但小施特劳斯的诸多罪状却被记录在案，在很长时间内，奥地利当局都将小施特劳斯视为危险分子。

与小施特劳斯不同，老施特劳斯则坚定地站在保皇派的立场上，因此渐渐失去人心。在政治的冲击下，艺术已被挤得毫无立足之地，每个艺术家的心灵都在白天的喧嚣中得不到安宁。老施特劳斯再一次踏上巡演之旅，却因感染了恶疾在1849年9月25日逝世。

对于父亲的离世，小施特劳斯很是悲伤。虽然他们的立场如此不同，但他对父亲的贡献做出了较高的评价："他使德国的舞曲享誉世界……他的艺术可以消除一些烦恼，抚平一些皱纹，鼓起一些人生活的勇气，把生命的喜悦还给他们；他的艺术能抚慰人的心灵，让人感到愉快和幸福。因此，人们应该纪念他。"[1]

父亲故去后，小施特劳斯接管了父亲的乐队，将它与自己的乐队合并起来，并开始筹备新乐队的第一次巡回演出。然而，奥地利的新皇帝未曾忘记小施特劳斯在革命期间所做的事情，这使他的演出阻碍重重。

---

[1] 林克. 约翰·施特劳斯[M]. 张晏，译. 北京：人民音乐出版社，2006：10.

故居内景

为了改变新皇对自己的态度,小施特劳斯决定于1850年10月前往华沙,因为新皇与沙皇要在那里会晤。

华沙的冒险之旅由一位友人提供资金支持,小施特劳斯与乐队中的25人首先在拉比波尔演出,之后一直在布雷斯劳的"冬天花园"以及"利伯利希花园"登台献艺。为了能在当时还从属于俄国的华沙找到听众,他们必须赢得俄国皇后夏洛特的青睐。这次冒险取得了意料之外的收获。小施特劳斯将《华沙波尔卡》献给了俄国皇后,并得到了她的高度认可。不久之后,与俄国皇室的这种联系给他带来了意想不到的发展机会,并因此而赢得了老乐队中乐手们的尊敬。在1852年的狂欢节上,小施特劳斯终于有机会参与5场"最高级的宫廷与枢密院舞会",并与宫廷乐队指挥一同指挥演出。1852年2月,为了庆祝俄国沙皇尼古拉一世和米夏埃尔访问维也纳,他创作了《大亲王进行曲》。为了欢迎奥地利新皇弗朗茨·约瑟夫一世回到维也纳,他创作了《欢呼欢迎进行曲》。据说这首曲目令新皇非常感动,于是小施特劳斯与他的出版商再出一招,多次将这首进行曲所得的收入捐献给慈善机构。这一系列的举动终于令他与皇室的关系得到改善。

有的评论家讥讽小施特劳斯像是插科打诨的弄臣，奴颜婢膝地逢迎新皇政权。然而，音乐是否应牵涉到政治？处在政治旋涡中的音乐家，其实是痛苦不堪的。小施特劳斯的一生仅醉心于音乐，为此，他愿意披荆斩棘，克服一切创作和演出中的困难。小施特劳斯这样的音乐家注定是与政治脱节的，他不曾看着贵族的眼色而冷待平民，他与大学生之间的关系也十分密切。

奥地利最高宫廷总署对于小施特劳斯与大学生之间的密切关系感到十分气愤。直到19世纪50年代中期，奥地利还在追查是否有人佩戴政治标记，是否戴着某种特殊样式的帽子以及演唱革命歌曲等。例如，1851年警察总署就以"身着奇装异服和蓄长发"的罪名逮捕了80多人。可是大学生们总是能发明出一些新的隐秘的标志来显示革命的追求。从小施特劳斯令人振奋的音乐中，他们相信自己听到了反抗的精神，因此从1852年到1865年的狂欢节期间，他们经常邀请小施特劳斯的乐队进行演出。①

小施特劳斯在1852年为维也纳大学技术系的学生创作了《电磁波尔卡》《现象》等曲，为医学系的学生创作了《突然发作》，为法律系的学生创作了《放肆的人》。他为这些学生写的乐曲充满了奇思妙想，在最小的空间中可以找到最完美的组合：舒伯特式的曲调、民间波尔卡旋律以及不稳定性的节奏等多种元素的融合。正是因为有了这些出色的乐曲，19世纪50年代中期，他在维也纳的受欢迎程度达到了高潮。在许多夏天，小施特劳斯都像他父亲一样匆匆行走在演出的路上。在冬季的演出旺季和狂欢节期间，他更加忙碌，乐队必须分成几个小组，小施特劳斯乘坐马车从一个舞厅飞奔到另一个舞厅。

1854年夏末，小施特劳斯在萨尔茨堡著名的放射性温泉疗养时，对过去十年中他所做出的成绩进行了回顾。十年中他一共发表了151首

---

① 参见林克. 约翰·施特劳斯[M]. 张晏, 译. 北京: 人民音乐出版社, 2006: 71.

作品，而他父亲在第一个十年只发表了 93 首。他的圆舞曲、波尔卡、方阵舞曲和进行曲不仅仅吸引了舞厅和宫廷中的人们，也深深吸引了人民公园或者娱乐场的音乐会听众，小施特劳斯成为同父亲一样的舞曲作曲家，甚至和贝多芬、门德尔松、舒曼、柏辽兹、李斯特、瓦格纳等作曲家相提并论。奥地利音乐家、评论家汉斯利克赞扬他是"当代最优秀的圆舞曲作曲家"，尽管他在政治上不断遭受打击，却最终以自己的音乐征服所有人，在荆棘蔓生的革命年代中开辟了属于自己的音乐道路。

婚姻变奏曲

1862 年 8 月 23 日，37 岁的约翰·施特劳斯向维也纳市政府申请结婚，新娘是比他大 7 岁的歌唱家耶蒂。耶蒂是一位非常有思想的女人，她的身材匀称而丰满，眼睛明亮，头发浓密，浑身散发着活力和热情，另外还有银铃般的嗓音。约翰·施特劳斯早在 15 年前就认识她。当他在薇罗妮卡·格莱纳家的沙龙里无拘无束地与她交谈时，就被这位具有母性气质而且非常体贴的女艺术家深深吸引住了。

耶蒂堪称贤内助，她非常懂得如何使施特劳斯免受日常琐事的打扰。她成了施特劳斯的秘书、会计、巡演筹备员、乐谱抄写员和病中的护理员，同时，她也是一位极具才华的歌唱家。1863 年 4 月，施特劳斯与耶蒂一起踏上俄国之旅。为了迎合大多数听众的口味，施特劳斯写了一首《农民波尔卡》。俄国沙皇听说此事后，也来参加了音乐会并要求他演奏这首曲子。《农民波尔卡》收获了颇高的赞誉，耶蒂也在这次俄国之行中一展歌喉，演唱了施特劳斯专门为她谱写的抒情独唱曲《多尔奇·皮安蒂》。

1863 年，在题献了《兄弟之谊进行曲》手稿之后，施特劳斯被威廉一世授予了普鲁士四等王冠勋章，并在这一年连续获得了以下荣誉：萨克森－埃内斯蒂的功勋奖牌、维也纳艺术与科学金奖、波斯太阳勋章、施塔尼斯劳斯十字骑士勋章和伊莎贝拉勋章。这一切都离不开耶蒂

故居展室

的支持。她敛去自己的锋芒，在公众面前露面越来越少，只是静静地在背后辅佐施特劳斯，记录下他每一个灵感迸发的瞬间，仅在家人面前或是维也纳弗朗西斯派教堂的弥撒上才一展歌喉。在施特劳斯这曲主旋律的辉照下，她甘愿做一段滋润他年华的伴奏。

有一个有趣的传闻：某一日，施特劳斯回家时换下了一件脏衬衣，袖子上记满了五线谱。耶蒂知道这是丈夫灵感突发时随手记录下来的，便将它挑拣出来放到一边。几分钟后，她却发现这件衬衣被洗衣妇连同其他脏衣物一同拿走了。她不知洗衣妇的居所，便坐着马车到处寻找。找到洗衣妇时，洗衣妇正要把那件衬衣丢入盛满肥皂水的桶里。她急忙抢过那件脏衣，挽救了这首珍贵的曲谱。这首"死里逃生"的曲谱，正是流传于世的不朽名作——《蓝色多瑙河》。

无论传闻是否是真的，耶蒂对施特劳斯的帮助都是巨大的。施特劳斯曾评价耶蒂说，无人能取代耶蒂，她记下团里所有的开销，振奋团员们的精神，查看厨房准备的饭菜，细心而又慈爱地照顾着一切。若是没有耶蒂在生活中时时处处的"伴奏"，施特劳斯这段"主旋律"必会失色很多。

昔日藏品

    1867年，施特劳斯的舞曲创作达到了顶峰，他与耶蒂前往伦敦。在10月26日之前，他已指挥了皇家歌剧院的63场音乐会，耶蒂也演唱了咏叹调、叙事谣曲等歌曲。有时施特劳斯为她弹钢琴伴奏，两人可谓是珠联璧合。施特劳斯的《蓝色多瑙河》也引起极大的轰动，出版商每天都接到几千张订单，几周后就开始每天往美国运送许多箱圆舞曲曲谱。在短短几年内，施特劳斯的出版商就出版了16个不同的版本，卖出了100万张曲谱。通过在巴黎和伦敦举行的音乐会（正好是他父亲在当地成功演出30年之后），施特劳斯为日后蜚声世界奠定了基础。①《蓝色多瑙河》成了发行数量超过百万的圆舞曲，同时也被誉为"奥地利第二国歌"。这个时期的维也纳出现了一个概念——新维也纳，克拉里克认为这个词最早是由施特劳斯提出的："约翰·施特劳斯作品的标题是贯穿维也纳艺术史的一条主线，1870年由男声合唱团首演的他的作品第342号作品被称为'新维也纳'。"②

---

① 参见林克. 约翰·施特劳斯[M]. 张晏, 译. 北京: 人民音乐出版社, 2006: 120.
② 林克. 约翰·施特劳斯[M]. 张晏, 译. 北京: 人民音乐出版社, 2006: 126.

1870年可谓是施特劳斯最灰暗的一年。这一年，母亲安娜、弟弟约瑟夫和姨妈瓦贝尔相继去世，这对于一个感性的音乐家来说无疑是巨大的打击。幸好还有耶蒂的悉心照顾与陪伴。在耶蒂的鼓励下，施特劳斯逐渐从"圆舞曲和波尔卡之王"成长为"轻歌剧之王"。要想在轻歌剧上取得成功，必须要有好的剧本。耶蒂拖着施特劳斯拜访诸多剧作家，最终施特劳斯作曲的《英迪戈与四十大盗》取得了不菲的成绩。在轻歌剧方面，施特劳斯远超他的父亲，飞跃到一个更高、更综合的艺术领域。约翰·施特劳斯是音乐史上唯一的专业圆舞曲作曲家，多年来他担任着舞会的指挥，从未间断，之后转向了戏剧音乐，并且获得了巨大的成功。

　　然而，耶蒂与施特劳斯仅共同度过了短短15年的美好时光。1878年4月8日，耶蒂死于中风，施特劳斯失魂落魄，不知所措。他只是让人发了讣闻，之后便失去了踪影。再次有他的消息，已是耶蒂故去的12天后——他与后来的第二任妻子莉莉提交了结婚申请。耶蒂去世仅七周后，施特劳斯便与这位比自己小24岁的娇妻在卡尔斯教堂结了婚。

　　1878年末，失去了耶蒂的施特劳斯在事业上也遭遇了"滑铁卢"。他新创作的轻歌剧《捉迷藏》在首演之后只演了15场便匆匆结束。专门撰写滑稽文章的刊物《炸弹》讽刺道："约翰·施特劳斯亲自指挥——请观众们离开剧院。"他们还在标题之外加了一个注解："可惜这次施特劳斯大师在选择剧本时自己当了一回瞎眼的奶牛①，或者是剧院经理当中哪个近视眼的蠢驴选择了这部剧本？"

　　《捉迷藏》失败的原因与施特劳斯、莉莉二人不愉快的婚姻经历有一定的关系，因为莉莉与耶蒂的性格完全不同。莉莉对于自己新居的装修毫不关心，却对小施特劳斯的轻歌剧指手画脚。弗里德里希·泽尔曾这样评价："在《快乐的战争》排练期间，莉莉夫人和斯坦纳院长总是

---

① "捉迷藏"在德文中字面意思为"瞎眼的奶牛"。

折磨我们，让我们删减台词，延长歌唱的时间，这样一来就会出现许多剧情交代不清楚的地方。在《威尼斯之夜》中时间、地点、人物以及第三幕发生的场景都是莉莉写好之后强加上去的，就连当时的报界都对莉莉参与音乐的行为发表了一些讽刺性的评论。

实际上，莉莉对施特劳斯的创作并非毫无帮助，她对于观众的需求非常敏锐，在轻歌剧问题上持有批判态度。因此，《快乐的战争》在她加入后，虽然创作艰难，但在很短的时间内就征服了130多家剧院的观众，并被视为施特劳斯的代表作。

1882年，在弗兰岑温泉疗养的莉莉建议施特劳斯去她那里并指挥一场慈善音乐会，施特劳斯拒绝了，他希望莉莉尽快回家，并在信中表达了对莉莉的思念之情。可是莉莉早已对这个家里的一切失去了兴趣，她从弗兰岑温泉回来后就离开了施特劳斯，搬到了维也纳剧院的一处住宅中。12月9日，施特劳斯与莉莉办理了离婚手续。五天之后《喔喔啼》杂志上刊登了两幅漫画："这是一场'快乐的战争'，斯坦纳院长娶了施特劳斯夫人，约翰·施特劳斯先生也结婚了，就如人们所说，新娘是另外一个女人。"这"另外一个女人"就是施特劳斯第三任妻子——年轻的寡妇阿黛勒。

当犹太人阿黛勒·多伊奇在维也纳出生时，约翰·施特劳斯已经写出175首作品了，阿黛勒却毫不在乎："我从来都没有感觉到自己嫁给了一个老头儿。"[①] 这个比莉莉还年轻的女性更懂得经营生活，懂得如何给施特劳斯带来幸福和舒适的家庭生活。

施特劳斯本准备为维也纳宫廷歌剧院创作《吉普赛男爵》，可1884年4月莉莉和斯坦纳索要了高额的补偿费后离开维也纳剧院，导致计划搁浅。施特劳斯积劳成疾，不得不在1884年去弗兰岑温泉疗养八个星期。在此期间，他变得更具批判性。他重新改写旋律，换掉某些部分，重新

---

① 林克. 约翰·施特劳斯[M]. 张晏，译. 北京：人民音乐出版社，2006：186.

木雕

配器。磕磕绊绊地历经两年多,他终于完成了《吉普赛男爵》的终曲。在施特劳斯60岁生日的前一天,这场艰难写就的歌剧大获成功,仅在维也纳剧院就演出了87场。在他的有生之年,这部经过精雕细琢的歌剧已在全世界140家剧院上演过。

在经过了"莉莉期"的低谷后,施特劳斯终于在"阿黛勒期"赢得盛名。为了与阿黛勒结束"未婚同居"的状态,在《吉普赛男爵》首演11天后,施特劳斯申请退出奥地利国籍。[①] 这引起了巨大轰动,因为在信奉天主教的维也纳,只有当伴侣中一方去世,或成为外国公民以及改信别的宗教,施特劳斯才能再娶。1885年12月,他的请求被批准了,施特劳斯也在1886年7月6日改信基督教。1886年5月,通过恩斯特公爵二世,施特劳斯获得了德意志帝国公民权。1887年8月15日,两人终于在艾伦堡宫的宫廷教堂举行婚礼,这场持续了五年之久的征途终于画上了圆满的休止符。

1888年8月,施特劳斯和阿黛勒参加了拜罗伊特戏剧节。在观看了《帕西法尔》和《纽伦堡的工匠歌手》后,他们出发到弗兰岑温泉疗养。在疗养期间,施特劳斯不曾放松,他依旧夜以继日地创作着乐曲。1892年,《骑士帕茨曼》在维也纳宫廷歌剧院首演,这部歌剧对施特劳斯来说是一个颇具纪念意义的里程碑:"我之所以写了这部作品,无非是想证明我的才能并不仅仅限于写舞曲。"然而这部歌剧并不成功,在

---

① 参见林克. 约翰·施特劳斯[M]. 张晏, 译. 北京: 人民音乐出版社, 2006: 197.

柏林演出5场后就从节目单中消失了,维也纳、布拉格、柏林和慕尼黑的演出结束后,再也没有剧院愿意上演这部歌剧。

施特劳斯的三段婚姻如同三段不同的变奏,为他这段主旋律锦上添花,伴他写下脍炙人口的传世之作。《蝙蝠》是他与耶蒂的歌剧,记录下他首次进入歌剧领域获得的荣光;《快乐的战争》则是他与莉莉的歌剧,尽管它的创作过程并不是那么愉悦;《吉普赛男爵》则凝聚着他与阿黛勒的心血,彰显着他在这一领域渐臻成熟。三段婚姻,三位女性,三段全然不同的生活,有起有落,有笑有泪,而唯一不变的是施特劳斯对音乐的执着。也许,音乐才是他相伴一生的忠实伴侣。

余音之韵

1892年5月,维也纳剧院院长到舍恩瑙拜访了施特劳斯,二人讨论了一个新的方案。这个方案极大地鼓舞了两位经验丰富的剧本作家——尤里乌斯·鲍尔和胡戈·维特曼,施特劳斯和他们在几周内就

背后的故事

峥嵘岁月

创作出一部穿插着小型歌舞表演和诗歌的轻喜剧《侯爵夫人尼奈塔》。施特劳斯对自己的这部轻喜剧不甚满意,认为它"是个真正的废品"。实际上,这部新歌剧是年华正在逝去的施特劳斯最成功的作品之一。它成了小型歌舞剧创作的开路先锋,对后来莱昂·法尔斯的《蓬皮杜夫人》和拉尔夫·贝纳茨基等人的作品起到了指引方向的作用。在奥匈帝国境内有14家剧院都上演了《侯爵夫人尼奈塔》。1893年6月,安格鲁·璐伊曼组织演出了施特劳斯的所有舞台作品。

约翰·施特劳斯老了。他常常要忍受痛风和流感的侵袭,也时常因为头部神经痛和肺部黏膜炎中断工作。1894年10月28日,《蝙蝠》终于能够在维也纳宫廷歌剧院演出时,施特劳斯不得不让约翰·那波穆克·福克斯代替自己担任指挥。1897年夏天,施特劳斯第一次整个夏季没有创作什么大的作品,而是与朋友们打牌消磨时间。他的朋友圈也在不断缩小:1895年弗朗茨·冯·苏佩和理查德·格奈去世,1896年雕塑家维克多·提尔格纳和布鲁克纳去世,勃拉姆斯在参加了《明智的上帝》首演的3个星期后也去世了。

1899年的复活节,施特劳斯在宫廷歌剧院完成了他的最后一次指挥。4天后,他在举行一场时装表演的普拉特的圆形大厅里给乐迷们签名。第二天,他坐在桌前准备创作,却因肺炎引起的不适浑身打着冷战,不得不被人搀到床上。

阿黛勒简短地记录了施特劳斯最后几天的情况。她写道:"6月1日,可怜的耶尼在昏迷中呼唤着我和爱丽斯的名字,我们就站在他的床前……他轻轻地哼唱着一首歌!那是一首古老的歌,我和孩子都非常熟悉,但是以前却从来没有听他唱过。现在从他苍白的嘴唇里唱出,欢快地像游魂一样在整个房间里飘荡：'小兄弟——总是要分别的！'6月2日，病人的状况更加糟糕了，到了第二天早上好像有所好转。他拿起我的手先后吻了两次——这也是最后一次无言的温柔。下午4点15分，他在我怀里永远地睡去了。"

维也纳音乐之友协会发布了遗体告别仪式的公告，无数人涌至灵柩经过的长街与小巷，许多房子外都挂上了致哀的旗子。施特劳斯的竞争对手卡尔·米略克听闻这一消息时说："什么，施特劳斯？没有这回事！他有永恒的青春。我看他能活到20世纪！"①

施特劳斯雕像

施特劳斯长眠于斯莫林格大街旁中央公墓里的维也纳荣誉墓穴中，他被葬在勃拉姆斯、舒伯特和贝多芬的旁边，不远处是他的父亲、同样在音乐领域发展的弟弟约瑟夫以及他的朋友们。

施特劳斯留下了将近83.5万古尔盾的遗产，将其中的7座房产留给了维也纳音乐之友协会。他的妹妹们甚至他家的门房都得到了一笔养老金和遗赠，只有他的弟弟爱德华被排除在外。作为报复，爱德华在存续了75年的施特劳斯乐队解散后，毁掉了乐队所有的乐谱。大量的手稿、加工后的乐谱、音位表等带有演奏说明的珍贵资料毁于一旦。更有无数作曲家怀着各自的目的改造施特劳斯已经发表的作品，拼凑成新的曲目，作为流行歌曲推向市场，以此狠捞了一笔。阿黛勒强烈反对这些人对施特劳斯的作品进行改造，但收效

---

① 林克. 约翰·施特劳斯[M]. 张晏，译. 北京：人民音乐出版社，2006：226.

甚微。

施特劳斯以他的音乐征服了全世界的听众，便于哼唱的旋律、恰当的形式和完美的配器使他的音乐充满了灵感、和谐、热情。勃拉姆斯认为，施特劳斯的乐队里充满着"莫扎特式美妙的声音"，对施特劳斯乐队的精神和美妙的声音再怎么表扬也不为过。他沿着父亲的足迹，一步一步超越父亲的成就，以自己的方式找到了对时代最好的表达。

时光荏苒，大师长眠，维也纳市立公园里的金色塑像，满载着人们对其主人施特劳斯的憧憬。人们驻足凝望，仿佛能听到那悦耳的音符在耳边萦绕……

（撰稿：韩凌心）

参考文献

何亚军. 圆舞曲音乐钢琴曲 [M]. 北京：人民音乐出版社，2013.

吕昕. 世界音乐巨匠：约翰·施特劳斯 [M]. 北京：西苑出版社，2003.

林克. 约翰·施特劳斯 [M]. 张晏，译. 北京：人民音乐出版社，2006.

施特劳斯. 施特劳斯四小录 [M]. 苏惠民，等译. 北京：中国对外翻译出版公司，1993.

勃拉姆斯

　　音乐大家云集的 19 世纪星光熠熠，音乐历史的长河行至此处已逐渐步入到浪漫主义中后期，德国作曲家约翰内斯·勃拉姆斯，就是这星河里十分耀眼的一颗。他生于德国汉堡，成名于奥地利维也纳。在世的 63 年间，他孜孜不倦地创作，留下了众多传世名作。

　　勃拉姆斯唯一现存的故居位于德国巴登巴登的里希滕塔尔地区。这是一幢外表毫不起眼的小房子，白色的墙壁、黑色的屋面，掩映在葱茏的绿树丛中。里希滕塔尔是度假消暑的胜地，每年暑期都会有许多游客来到此地。勃拉姆斯也不例外，1864 年至 1876 年间，定居维也纳的他，每个夏天都会来到里希滕塔尔，在这栋小屋的二层阁楼开启他的消暑之旅。

　　现存的这栋故居保存十分完好，内部的装修仍然保持着勃拉姆斯生前的模样。进入屋内，顺着左手边的楼梯拾级而上便是勃拉姆斯的起居室。起居室内明亮宽敞，简单而温馨。墙壁是蓝色的，墙上挂着勃拉姆斯各个时期的照片，窗口摆放着深红色的沙发、老式的写字桌椅以及他生前使用过的木制钢琴。我们可以想象，阳光明媚的午后，正值壮年的勃拉姆斯意气风发地坐在钢琴前，弹奏着自由随性的小调，一篇篇名作在这里相继问世。

幼年启蒙

1833年5月7日，勃拉姆斯出生于德国汉堡一个音乐氛围浓厚的普通家庭。他的父亲是一个叛逆而执着追梦的乐师，早年不顾家人的反对踏上了音乐的道路，来到了汉堡，成家立业。因此，父亲很重视培养孩子的音乐能力。他的母亲志向远大，有较好的文化修养，是勃拉姆斯音乐道路上的坚强后盾。勃拉姆斯家境清贫，艰苦的环境让勃拉姆斯早熟又独立，自幼便知道分担家庭的经济压力。

从小时候起，勃拉姆斯便在钢琴演奏方面展现出了过人的天赋。7岁那年，他便开始跟随钢琴家柯塞尔学习钢琴演奏技法。三年之后，他就在一场私人室内音乐会上完成了第一次演出，演奏作品包括贝多芬

勃拉姆斯故居（德国巴登巴登）

及莫扎特的一些四重奏作品。随着他对音乐不断深入的学习，年幼的勃拉姆斯产生了创作的冲动，开始创作一些小型的音乐作品。1845年，12岁的勃拉姆斯完成了一部g小调钢琴奏鸣曲，显露出极高的音乐天赋。

创作还是演奏？勃拉姆斯的父亲希望他可以子承父业，成为一名演奏家，以便尽快挣钱贴补家用。但是，年轻的勃拉姆斯想法坚定，他不顾父亲的期盼，在创作之路上继续钻研。

故居小径

三年之后，柯塞尔把勃拉姆斯推荐给自己的老师马尔克森。马尔克森是一位著名的钢琴演奏家，与贝多芬、舒伯特、莫扎特等音乐大师都有着良好的关系，并对海顿、巴赫等人的作品颇有研究。因此，他常用这些大家的作品来指导年轻的勃拉姆斯，给他讲解每位大师的音乐风格和作曲理念。同时，他也以这些前辈的经验来指导勃拉姆斯规范自由而随性的创作。勃拉姆斯也从此以贝多芬等人为标杆，对自己的要求十分严格。

千百年来，音乐风格的传承与发展，是通过一代代音乐家自上而下的启蒙和教育实现的。他们薪火相传，使音乐保持旺盛的生命力。勃拉姆斯的音乐生涯得益于大师的教导，这为他日后的创作活动打下了坚实的基础。因而在他的作品中，我们能够清晰地看出浪漫主义时代音乐少有的那种严谨与工整。

1847年，勃拉姆斯终于在公众面前亮相了。他以钢琴演奏师的身份，演奏了作曲家西伊斯蒙德的幻想曲。此后的两年之内，这个少年先后举办了两次个人钢琴独奏会，演奏了马尔克森、巴赫等音乐家的一系列著名音乐曲目，得到听众以及评论界的一致好评。同时，他成名之前创作的许多试验性的作品也成为他之后正式创作时灵感的源泉。家庭氛围的熏陶、对创作的执着追求、前辈悉心的指导，共同开启了勃拉姆斯的大师之路，使一颗音乐新星冉冉升起。

初出茅庐

1850年，勃拉姆斯结识了匈牙利的小提琴家爱德华·拉门伊。在以后的几年时间内，勃拉姆斯以爱德华钢琴伴奏的身份奔赴多地进行演出。勃拉姆斯与爱德华的相识，使他第一次深入地接触到了匈牙利吉卜赛音乐。这对他日后的创作产生了巨大的影响。勃拉姆斯一生中大多数作品都结构工整、曲风古典，匈牙利民间音乐是他为数不多的经常引用的民间音乐元素。他早期的钢琴变奏曲、钢琴二重奏、弦乐六重奏以及小调钢琴四重奏等作品中，都有匈牙利的音乐主题。他日后创作的《匈牙利舞曲》系列作品，更是广为流传的不朽名篇。

艺术不仅来源于理论，更来源于生活。接触各地不同风格的音乐作品，让勃拉姆斯对自己的音乐风格有了新的认识与尝试。在这些匈牙利风格的作品中，勃拉姆斯大胆地加入了自己的创作思想，果断抛弃了传统的演奏方式，转而用他自己的方式对乐曲进行了全新的编排设计。这些匈牙利风格的作品相比勃拉姆斯其他晦涩的作品，更容易被普通听众所接受。

1853年，勃拉姆斯在德国汉诺威巡回演出时，结识了天才小提琴演奏家约阿希姆。两人年纪相仿，并且有着共同的音乐理想，他们惺惺相惜，成为最好的朋友。勃拉姆斯将自己的第一号作品《C大调第一号钢琴奏鸣曲》题献给了约阿希姆。在勃拉姆斯之后的创作中，约阿希姆为他提供了丰富而宝贵的建议。他们互相鼓励，互相学习。他们约定，任何一方发表作品之前，都要把手稿寄给对方，征求对方的意见。这种好友间的鞭策，让勃拉姆斯受益终生。

勃拉姆斯从小就是一个敢爱敢恨的人，他清楚地知道自己喜欢什么样风格的作品，同时也坚定地维护自己长期坚持的音乐理念。勃拉姆斯的性格在旁人看来可能有些与当时新兴的音乐曲风格格不入。这其中有一个被人津津乐道的一个故事：勃拉姆斯在魏玛宫廷见到了李斯特，李斯特即兴演奏了一些勃拉姆斯的作品，但勃拉姆斯竟然睡着了。面对享有盛名的音乐大家，勃拉姆斯并不畏怯，也毫不掩饰自己的厌恶。

勃拉姆斯不喜欢李斯特所推动的标题音乐，他觉得李斯特的作品缺乏深度，过于追求新潮的风格。勃拉姆斯在他一生的创作之中，从未给自己的作品加上过标题。在他眼中，音乐有自己的逻辑，如果听众无法通过音乐本身去理解作品所要表达的观点，而只能通过人为打上的标题去了解作者的本意，这就意味着作品是失败的。音乐风格没有对错之分，每一种音乐风格都有诞生优秀作品的可能，但对于一位优秀的作曲家来说，自身对某种音乐风格的坚持是格外重要的。只有将一种风格做到极致，才能塑造出自己的标签，令听众过耳不忘。艺术的殿堂不需要两个相同的莫扎特，也不需要一个莫扎特与贝多芬的结合体，而需要的是一个拥有全新自我风格的勃拉姆斯。

19世纪的音乐圈，是一个小众的精致的圈子。对于一个初出茅庐的年轻作曲家来说，想要自己的作品获得听众的认可，获得主流音乐家的接纳，就必须通过伯乐将你带入这个圈子。而勃拉姆斯的伯乐，无疑就是舒曼。勃拉姆斯一直非常欣赏音乐家舒曼，他在1850年就曾试图将自己的作品寄给舒曼，希望得到对方的赏识，然而当时的信件被原封不动地退回。三年之后，当他来到杜塞尔多夫，却受到了舒曼夫妇的热烈欢迎。舒曼在聆听完他演奏的那首《C大调奏鸣曲》之后，十分激动，转身唤出自己的妻子——著名的钢琴演奏家克拉拉·舒曼，一同聆听。

这位金发碧眼的青年内心虽然十分紧张，但在演奏时还是尽力压抑着自己的紧张情绪，充满自信，神采奕奕地让手指随着旋律上下跳动，一次又一次弹奏出优美动人的音符。他全身上下都散发着才华与激情，舒曼当即邀请20岁的勃拉姆斯次日共进午餐。不久，在当时的《新音乐杂志》上，舒曼刊登了一篇名为《一条新路》的文章，在文中他向大家介绍了勃拉姆斯，并称他是"注定要在最高和最理想的自我中表现时代"的人。

虽然年轻的勃拉姆斯内心有些紧张与不安，但受到舒曼的称赞无疑令这位初出茅庐的

雅致的小门

音乐青年受到了巨大的鼓舞。勃拉姆斯开始对自己的作品更有信心了。随后，勃拉姆斯陆续在莱比锡发表了一些自己早期的作品，这其中就包括他最初的三首钢琴奏鸣曲。从此以后，勃拉姆斯开始不断地发表音乐作品，踏上了属于自己的辉煌之路。

声名鹊起

起初，勃拉姆斯的音乐事业并不顺利。1859年，他在汉堡正式演奏了他的第一首重要的作品《d小调第一钢琴协奏曲》。这是一首完全意义上的浪漫主义音乐。作品打破了一些古典主义的束缚，着重表达了自己在结识舒曼夫妇后内心的情感变化。但是观众的反响并没有达到勃拉姆斯的预期，观众席上不断传来嘘声，勃拉姆斯很受打击，觉得有些失败。而在此后第二、第三场演出中，观众的反应仍然不友好。同时，

故居展室

勃拉姆斯也被当时引领潮流的"新德意志乐派"批评为"老套过时""保守传统"。这些负面的反响使他不得不更换了之前的合作出版商。

一腔热血的勃拉姆斯并没有被打倒,他希望以自己的独特见解来向大众证明自己的音乐。1860 年,勃拉姆斯参与了一场关于德国音乐未来的论战,却遭遇了惨败。他联合好友约阿希姆等人同李斯特的追随者,即所谓的"新德意志学派",展开了激烈的辩论。勃拉姆斯尤其反对对传统音乐形式的排斥,然而由于稿件的提前泄露,勃拉姆斯受到了新闻界强烈的讽刺。整个音乐界,几乎没有人站出来支持他。在此后的音乐生涯中,勃拉姆斯潜心创作,再也没有介入公开的论战。与主流音乐观念的对抗是艰辛的,勃拉姆斯有他自己关于古典主义音乐的追求。他认为古典主义音乐仍有发展的空间,利用古典主义的手法同样可以创作出全新的音乐。他的坚守与固执,并不是倒退与守旧。

1862 年秋天,勃拉姆斯第一次访问了音乐圣地维也纳。在那里,他接触到了一些志同道合的音乐家,认识了一些有社会地位的人物,形成了自己的社交圈子。在次年的 1 月,勃拉姆斯与著名作曲家威廉·瓦格纳第一次见面了。他为瓦格纳演奏了前一年完成的《海顿主题变奏曲》。虽然他并不十分认同瓦格纳比较新颖的音乐形式，但他对瓦格纳的音乐一直保持着浓厚的兴趣，并帮助瓦格纳准备了1863年的维也纳音乐会。

在维也纳，勃拉姆斯成为维也纳歌唱学院的一名指挥。在此期间，他改编了许多巴赫、海因里希等早期作曲家的作品，并为合唱团创作了作品，反响不错。虽然勃拉姆斯在次年就辞去了这个职务，但他还是以维也纳为基地，并最终在这里安家，他的作品也逐渐被大众所熟知。

1864年到1876年，许多个夏天他都会前往里希滕塔尔度假。在他的白色小屋里，他创作了许多经典的作品，其中就包括著名的《德意志安魂曲》。1865年2月，在母亲去世后，勃拉姆斯开始创作他的大型合唱作品《德意志安魂曲》。1866年他完成了前六个乐章，并于1868年在不莱梅进行了首次演出，受到了高度的赞扬，得到包括德国在内的欧洲各国评论界的好评。这标志着勃拉姆斯登上了世界的舞台，许多人甚至认为他超过了他的偶像贝多芬。

1872年至1875年，勃拉姆斯在维也纳的皇家音乐之友协会担任音乐总监。那也是勃拉姆斯极为高产的一段时期。他的第一部匈牙利舞曲、情歌圆舞曲等作品都获得了巨大的成功。而到了1876年，勃拉姆斯最著名的作品《第一交响曲》问世了。这部作品花费了勃拉姆斯21年的时间。它耗时如此之久，是因为勃拉姆斯对其十分慎重。这不仅仅是因为勃拉姆斯是一个对自己作品十分严苛的人，更是因为在他心中，交响乐是最崇高的一种音乐体裁，需要倾注最多的心血。一直以来，他都立志要写出能和贝多芬不朽的九大交响曲并驾齐驱的作品。现在，他确实做到了，他的《第一交响曲》被世人称为"第十交响曲"。在乐曲的四个乐章中，他也引用了贝多芬《第五交响曲》以及《第九交响曲》"欢乐颂"之中的一些旋律，目的是向前辈致敬。整个作品中，交织了斗争、烦恼、苦闷、失意、喜悦等人间的七情六欲，对历经人世沧桑者可谓是最伟大的精神安慰。

享誉盛名

随着佳作不断问世，勃拉姆斯的名声越来越大，但他仍然保持着对自己的高标准和严要求。1876 年，勃拉姆斯以去英国会影响创作为由，拒绝了剑桥大学授予的荣誉音乐博士学位。

勃拉姆斯在创作的道路上继续前行，1877 年，他的《第二交响曲》问世。《第二交响曲》与《第一交响曲》相比，少了一些沉重与反思，更多的是宁静与祥和，让人想起乡村里的田园风光。虽然在结构上仍是一丝不苟，但轻松而流畅的旋律使它宛如一首小夜曲。在简短的柔板乐章里，由大提琴演奏出的宽广的声音，让主题略显庄严，其他三个乐章相对舒缓，展现了勃拉姆斯浪漫主义的一面。

1878 年，他唯一的一部小提琴协奏曲问世了，这就是被誉为世界四大小提琴协奏曲之一的《D 大调小提琴协奏曲》。他将这首曲子献给了好友约阿希姆，可令约阿希姆比较烦恼的是，这首小提琴协奏曲一反常态，小提琴的主导地位被完全剥夺了，而且小提琴的部分也极难演奏。这一首曲子极大颠覆了大众对于协奏曲这种形式的认知。出于愧疚，勃拉姆斯之后又写了《G 大调第一号小提琴奏鸣曲》献给了好友。同一时期，勃拉姆斯的《学术节序曲》《悲剧序曲》等作品也相继问世。

此时，勃拉姆斯已被公认为音乐界的泰斗，他积极提携后进。由于他的鼎力支持，安东尼·德沃夏克曾三次获得奥地利国家奖学金，而当时的德沃夏克还是个新人，二人也素未谋面，勃拉姆斯被德沃夏克的才华深深折服。此后，勃拉姆斯又将德沃夏克成功推荐给了自己的出版商，帮助他出版作品。这种对晚辈的提携，正如同当年舒曼对勃拉姆斯的赏识，德沃夏克获得了成功，这应归功于勃拉姆斯无私的帮助。除了德沃夏克之外，年轻一代的作曲家马勒、施特劳斯等也得到了勃拉姆斯的关照。大师间一代代的传承与提携，使得整个音乐的历史绵延不息，不断前进。此时的勃拉姆斯，蓄起了大胡子，正如他留给我们最经典的形象一样。

峥嵘岁月

1882年，勃拉姆斯完成了他的《第二钢琴协奏曲》，献给了他的老师马尔克森。不久之后，勃拉姆斯应钢琴家、指挥家汉斯·冯·毕洛夫的邀请，与梅宁根管弦乐团一起进行了该作品的首次公演。完美的演出令毕洛夫赞不绝口，他将勃拉姆斯、贝多芬、巴赫合称为"3B"。这一称呼也逐渐被大众所认同，在不少人的心中，勃拉姆斯已是世界上最伟大的作曲家之一。不久之后，勃拉姆斯的第三及第四交响曲也相继发表。

1889年，美国发明家爱迪生慕名去维也纳拜访勃拉姆斯，并邀请他进行试验性的录音。勃拉姆斯亲自在钢琴上演奏了他的第一号《匈牙利舞曲》。这段珍贵的录音一直被保存至今。

由于勃拉姆斯在音乐创作上取得巨大成就，1889年，勃拉姆斯被他的家乡汉堡授予"荣誉公民"，"汉堡人"成为这位"城市之子"内心最骄傲的称呼。这是家乡对他所取得成就的认可。如今，汉堡市内，勃拉姆斯出生时的房子早已在第二次世界大战的战火中被毁。但如果我们参观汉堡，在市中心的拉艾兹音乐厅的门口，可以发现一座令人瞩目的勃拉姆斯纪念碑。在纪念碑的四周，刻着勃拉姆斯从青年至晚年时的肖像。距离此处不远的地方，有一座面积不大却精致的勃拉姆斯博物馆，其中的镇馆之宝是一架勃拉姆斯在汉堡期间曾经弹奏过的钢琴。

1890 年，57 岁的勃拉姆斯虽然开始计划退休，但他一直保持着创作的热情与学习的动力。

勃拉姆斯雕像

在与梅宁根管弦乐队的单簧管演奏家理查德·穆尔菲尔德相识之后，他燃起了对单簧管作品创作的兴趣。不久，他发表了编号为 Op.114、Op.115、Op.120 的单簧管作品。

晚年的勃拉姆斯喜欢在乡下的自然风光中散步，与小孩子玩耍。虽然他一生未婚，但他始终喜爱与小孩子交流。除了他著名的《匈牙利舞曲》之外，最著名的作品恐怕就是他的《摇篮曲》了。这首曲子是勃拉姆斯献给约阿希姆夫妇的礼物，是为了祝贺他们的孩子出生而创作的。如今，它已成为世界各地年轻父母在陪伴孩子入睡时的必备曲目。这首曲子旋律简单，节奏舒缓，能使孩子很快地放松下来，甜甜地进入梦乡。

勃拉姆斯还创作了几部钢琴作品。此时，他的钢琴曲也比之前的作品多了几分妥协与温柔。在他创作的编号为 Op.117 的钢琴间奏小品中，我们可以听出他年轻时难得的遗憾、悲伤，但更多的是温柔与爱意。勃拉姆斯一生未婚，但他与舒曼夫人克拉拉·舒曼真挚的友谊却是那么动人。在勃拉姆斯里希滕塔尔的故居不远处，就是克拉拉·舒曼的住处。夏天里，他们会在客厅里一起弹奏美妙的音乐，分享自己的故事。

1854年，舒曼企图自杀，随后被关在波恩附近的精神病院。勃拉姆斯便前往杜塞尔多夫陪伴舒曼一家，帮助克拉拉处理家庭事务。在一次又一次的接触过程中，勃拉姆斯对克拉拉产生了好感。他发现克拉拉身上有他理想中的一种女性的气质。1854年6月，勃拉姆斯写了他的第九首作品——以舒曼为主题的变奏曲，献给克拉拉。勃拉姆斯虽然喜欢克拉拉，但出于对舒曼的尊重，他对克拉拉的关心从未超越亲密的友谊，将所有的深情都放在了心底。他们之间超越一般友谊的感情，仅限于心灵的交流。他们是彼此音乐上的伙伴，也是彼此最忠实的听众。勃拉姆斯作品中温柔而细腻的情感，几乎都来源于克拉拉。

1895年夏天，勃拉姆斯和友人吃饭的时候，忽然感叹说："除了舒曼夫人，我从没把整个灵魂寄托在一个人身上，和舒曼及舒曼夫人这两个最美的人相遇，和他们有如此深厚的感情，是我最美的回忆。"说这话时克拉拉已经76岁，勃拉姆斯62岁，两人的特殊友谊已持续了42年。那年9月，勃拉姆斯在法兰克福停留了一天一夜，去看望克拉拉。那天早上，克拉拉为勃拉姆斯先弹奏了几首巴赫的音乐，然后演奏了勃拉姆斯刚刚为她特意创作的钢琴曲。那首曲子较慢，非常适合年迈的克拉拉弹奏。勃拉姆斯坐在另一边，流着泪说："你为我弹了最美的曲子。"这便是他们的最后一面。1896年5月20日，克拉拉长女玛丽给勃拉姆斯发来克拉拉去世的电报，女管家不知电报的重要性，便把它寄给正在度假的勃拉姆斯。两天之后勃拉姆斯才收到电报，然后匆匆赶到了法兰克福，到了法兰克福后，勃拉姆斯才知道克拉拉并不葬在那里，而是与舒曼一起合葬在波恩。

不久，勃拉姆斯被诊断出患有黄疸，后来又被诊断出患有肺癌。在接下来的一年中，他的病情不断恶化。1897年4月3日，勃拉姆斯去世了，享年63岁。他长眠于维也纳中央公墓之中。"约翰内斯·勃拉姆斯，生于1833年，卒于1897年。他是19世纪之子。他对自己所经历的时代的生活感受的表达，在经历过初期的怀疑之后得到了同时代人的广泛理解，或者说受到了尊重。"[①] 但这位在众人心中灿若星辰的艺术大师却有着如此的深情——勃拉姆斯的心中始终为克拉拉留着专属于她的位置。后来，勃拉姆斯在给好友的书信中也曾提到："或许其他女子也可以应许我一个天堂，但是我心中的天堂却早已被克拉拉占满。"他将浓浓的情感融入音乐，最终谱就经久不衰的浪漫乐章。

勃拉姆斯的一生少有波澜，却十分精彩，正如他的故居，简简单单却充满脉脉温情。家，是一个人最亲近的地方，人们在家中会放下一切伪装，回归最本真的自己，也许家的样子，就映照出自己的样子。如今，当我们再次步入勃拉姆斯的故居时，我们已无法将勃拉姆斯创作时孜孜不倦的身影与斑驳的老式钢琴分离，亦无法将深红的旧沙发与他和克拉拉共同度过的美好时光分离。我们从狭小的床铺想象他被阳光唤醒时的心情，就犹如勃拉姆斯的乐章衔来的袅袅余音沁入人的心田一般愉悦。

高产的作曲家

勃拉姆斯作曲的过程是曲折缓慢的。他对自己的作品要求十分之高，有时甚至有些极端，他从来不会在作品创作出来后立即发表，而是先私下反复演奏数次后，将手稿寄给自己的好友，询问他们的意见。他在创作的过程中勇于自我批评，甚至会重写自己已经出版的作品。譬如，他曾将自己早期写的《B大调三重奏》在37年之后又重写了一遍。他对作品的重写，绝不是因为艺术家浪漫的随性，而是一种谨慎、严格并且前后一致的自我审视。在作曲时，勃拉姆斯往往花费大量的精力，去考虑该用什么样的形式将自己的音乐理念传达给听众。虽然改动后的作品不一定更为出彩，但我们能从中看出他的努力与汗水。虽然勃

---

① 诺伊齐奇. 勃拉姆斯[M]. 王庆余，胡君蕙，译. 北京：人民音乐出版社，2008：1.

小屋一隅

拉姆斯对每一件作品的创作都注入了很多心血,耗费了大量时间,但也未影响他艺术生涯中的高产。这种高产不仅体现在作品的数量上,而且体现在作品种类和体裁的丰富性上。勃拉姆斯还擅长多种音乐形式,无论是短小的歌曲还是大型的交响乐,他都能做到同等程度的完美。纵观整个音乐史,像他这样几乎能在所有曲式上达到较高境界的音乐家实属凤毛麟角。

在勃拉姆斯的创作中,交响音乐占有很重要的地位,因为这是最考验创作技巧、展现个人风格的音乐创作形式。在这些作品中,勃拉姆斯对古典主义的传承也体现得最为明显。在他的作品中,无论是结构调性的布局、主题发展的逻辑性还是复调思维的深刻性等,都能看出巴赫、贝多芬等前辈对他的影响。例如他的《第一交响曲》就深受贝多芬《第五交响曲》的影响,两者都是c小调,而且最终都走向了C大调,走向了光明。《第一交响曲》的结尾部分也让人回想起贝多芬《第九交响曲》的片段。同时,勃拉姆斯的《第三交响曲》与贝多芬的《第三交响曲》有着相似之处。勃拉姆斯一生虽然只写了四首交响曲,但仍被认为是贝多芬之后最伟大的交响曲作曲家之一。

故居外景

除了交响曲之外,勃拉姆斯的钢琴作品也相当丰富。从早期沿袭古典形式的奏鸣曲、变奏曲,到后期大量钢琴小品的诞生,如随想曲、间奏曲、狂想曲以及民间歌曲、舞曲等,可以看出勃拉姆斯的创作越来越自由,越来越注重个人情感的表达。在这些偏浪漫主义的作品中,我们可以看到勃拉姆斯更多注重生活情景的描写、个人独白的抒发,有丰富的想象、细腻的手法,典雅而精致。此类作品的代表作有《降 E 大调间奏曲》《b 小调随想曲》等。这些钢琴小品也是对舒伯特的幻想曲、即兴曲,舒曼的钢琴套曲等前辈音乐传统的继承和发展。

此外勃拉姆斯还写了不少主题变奏钢琴曲,其中《匈牙利民歌主题变奏曲》《海顿主题变奏曲》和《舒曼主题变奏曲》等最有名。同时,他在 18 年间写的 21 首《匈牙利舞曲》,也被全世界人民广为喜爱。

除了纯音乐作品,勃拉姆斯在歌曲创作方面也有很高的造诣。长时间担任合唱团指挥的他一生中创作了大量的合唱歌曲。此外,勃拉姆斯也写了许多抒情歌曲和改编的民谣,感情真挚朴实,将乐器与人声做到了完美的融合。这方面的代表作有《铁匠》以及著名的《摇篮曲》等作品。而他的《德意志安魂曲》是这类作品中最恢宏深沉的一部,在他整个音乐生涯中占有重要的地位。

音乐风格的开拓者

勃拉姆斯是站在音乐艺术巅峰上的大师，是西方浪漫主义音乐时期最重要的音乐家之一，体现了他在音乐界崇高的地位。他是古典主义者，他的音乐沿袭了古典主义精神与技法，形式工整，态度严肃，虽与当时的时代潮流有些格格不入，但他的坚持与执着令古典主义音乐重生光辉。当勃拉姆斯周围的所有人都在试图开拓音乐艺术新疆域时，他却在形式上"固守"古典传统并通过不懈的努力取得成功，这本身就证明了勃拉姆斯的伟大。遵循已成熟古老的形式远比标新立异更难出彩。在一个相对传统的框架下，音乐家必须赋予其更强大的生命力才能获得成功。

勃拉姆斯也是一位浪漫主义者，在古典主义的曲式、结构上，他也加入了自己丰富的思想。他的作品中有对战争的反思，有对民族的热爱，也有对恋人的爱恋。他自己曾说，一切创作的灵感都来源于克拉拉。他的作品，不仅仅是古典精神的表达，更是浪漫主义思想的抒发。在古典技法的背后，我们能感受到勃拉姆斯浪漫而自由的思想。在19世纪，他是将古典主义与浪漫主义融合得最完美的人，是独树一帜的人物。

他的作品中流露着很多前辈的痕迹，勃拉姆斯是一位真正的集大成者。贝多芬的激昂、巴赫的深邃、莫扎特的浪漫、海顿的柔和，在勃拉姆斯的作品中都有或多或少的影子。他能够将各路音乐家的每一种风格都驾驭得很好，汲取他们最精华的特点并融合在一起，加上自己对音乐的理解，形成自己的艺术风格。这种风格集各路所长，拥有强大的表现力。

勃拉姆斯虽然是一位博采众长的大家，但是他的音乐并不通俗。相比于贝多芬、莫扎特等音乐家的作品，除了几首脍炙人口的"通俗之作"，勃拉姆斯的绝大多数作品都显得高深晦涩，让普通的听众敬而远之。勃拉姆斯在他的作品中并不刻意去讨好迎合观众，也不追求利用丰

故居外景

富的配器为音乐增添色彩，热烈地抒发情感，只是严谨地、认真地按照自己的思想创作音乐。这与他严肃沉稳的性格也有一定的关系。勃拉姆斯的内心有着丰富的情感，绵延悠长，却不轻易表达。这正如他的作品，质感闷厚，甚至有些浑浊干涩，但如果反复聆听，并对勃拉姆斯有一定的了解，你一定能听懂他作品中的深意。这种深意不流于作品表面，不在于音乐的表现手法有多么华丽耀眼，而是深藏在乐曲之中，更有内在的感染力。

当然，我们也必须承认，勃拉姆斯对技法及古典曲式的极致追求，确实牺牲了他作品之中的艺术性，他也确实不擅长旋律的创作。比起莫扎特、舒伯特等典型浪漫主义大师，勃拉姆斯的创作更加理性，有时少了些灵光一现的惊喜。

勃拉姆斯对音乐艺术的探索是承上启下的，他对古典主义的继承实则也丰富了浪漫主义的表现方法。因此，他对保守主义的音乐家以及激进主义的音乐家都产生了巨大影响。在一百多年后的今天，他的作品仍然被广大音乐家改编演奏，他的音乐思想也被众多的学者探索研究。

他无愧为一代音乐大师,在 19 世纪的音乐道路上,他孤独行走,勇敢前行。他为世人点亮了一盏音乐的明灯,这盏灯明亮而有穿透力,至今长明不熄。不善言辞的勃拉姆斯常常难以用音乐之外的表达方式充分表达自己的思想情感,我们就用一句他的经典话语来结束吧:"我用我的音乐讲话。"①

(撰稿:潘蕾)

参考文献

霍尔姆斯. 勃拉姆斯——伟大的西方音乐家传记丛书 [M]. 王婉容,译. 南京:江苏人民出版社,1999.

克内普勒. 19 世纪音乐史 [M]. 北京:人民音乐出版社,2002.

李冰. 勃拉姆斯艺术歌曲的创作特色研究 [J]. 黄河之声,2018(24).

马修斯. 勃拉姆斯钢琴音乐 [M]. 石家庄:花山文艺出版社,1999.

诺伊齐奇. 勃拉姆斯 [M]. 王庆余,胡君亶,译. 北京:人民音乐出版社,2008.

---

① 诺伊齐奇. 勃拉姆斯 [M]. 王庆余,胡君亶,译. 北京:人民音乐出版社,2008:204.

塞 尚

在法国南部的普罗旺斯地区，有一个名叫埃克斯的温泉小镇，小镇距离法国著名的蔚蓝海岸仅 35 公里，从 12 世纪开始就是法国南部政治、经济及文化艺术中心。埃克斯闻名于世不仅因为其缤纷迷人的色彩和丰富多彩的文化，还因为它是现代艺术先驱保罗·塞尚的故乡。这里是塞尚的诞生地、成长地和埋葬地，见证了他的人生浮沉和坎坷的艺术之路。

小镇有多处塞尚的故居和博物馆。其中，在东北方向的布勒贡街 23 号，有一栋四层的普通建筑，这是塞尚生前最后的居住之处。1906 年 10 月 22 日，塞尚在这里与世长辞。时隔多年，走进这栋小巧温馨的塞尚故居，我们似乎仍旧可以感受到这位画家踟蹰而蹒跚的身影正在画板四周徘徊，而他那深沉的眼眸饶有兴致地落在某处，凝视着专属于此物、此景的内在纹理，不懈地追逐自己的绘画信念，挖掘潜藏在自然浅显表象之下的真正奥秘。

我们应如何评价塞尚？一位大器晚成的画家，一位标新立异的艺术家，还是一位独树一帜的革新者？毋庸置疑的是，塞尚的人生无法通过这寥寥数语就概括完毕。他拥有无比崇高的地位：象征主义者赞赏他作品的装饰性，立体主义者注重他的结构相对性的意义，抽象派艺术创作者又尊奉他为开山之祖……如果不了解塞尚，我们几乎无法清晰地认识到现代绘画进步的轨迹。然而，他也经历了常人难以承受的孤独与绝望。这种背井离乡、苦苦寻觅的孤独和饱受冷眼、无人问津的绝望曾不止一次将他击垮，却也使他不断强大，使他踌躇但不甘于平庸，焦虑但依旧忠于自我，狂躁挣扎却不失信仰。

"艺术对于我来说，只不过是一种生命的冒险罢了。一切呈现在画面上的事物，不论是一笔一画，它并不是色彩或笔触，而是属于我整个内在生命的冒险。"[1]塞尚如是说。这种冒险不是专属他一人的，塞尚生活在一个疯狂的时代，整个法国都处在冒险的旋涡里。19世纪的法国暗潮汹涌，在这个时期，新兴的资产阶级正在进行着资产阶级革命，与之对应的经济领域也进行着工业革命。法国社会生活的各个领域均发生了变化和革新，绘画艺术家便将这些新观念和新思想付诸实践。物质基础的不断丰富、科学技术的不断进步，使人类对整个世界的认识不再踟蹰不前。在这个"上帝死了"的新世界里，现代主义艺术以反传统的姿态登上西方画坛，在传统艺术向现代主义艺术过渡的进程中，塞尚以一个开拓者的身份出现在历史舞台上，随着这位画家的身先士卒，艺术家们纷纷打破传统教条，寻求创新与个性的艺术表达。

如今的埃克斯，依旧保持着17世纪的建筑风格，这个最初因温泉而得名的小城后来因为塞尚而闻名欧洲，无数现代主义艺术的朝圣者在此流连忘返。塞尚在此出生、成长、逝世，只要沿着当地旅游局规划的"塞尚之路"，就能逐一参访与他相关的景点，如他的出生地，他上过的学校，他经常光顾的咖啡馆，甚至他最后的灵魂归处。随着时间长河静静流淌，那个被批判、被赞誉、被讨论的人已然离去，但当我们踏入埃

---

[1] 史佳柽. 塞尚的哲学随想[M]. 北京：北京大学出版社，2005：25.

克斯之时,那些专属于塞尚的记忆便如同泉涌一般倾泻而出,仿佛他从未消失过。

欢洽与冲突

1839年1月19日,蔚蓝海岸的微风循着古城的石板路,将薰衣草的芬芳浸入清冽的泉水,在埃克斯这个如诗如画的地中海小城里,塞尚诞生了。他出生于一个小商人家庭,父亲来自皮埃蒙特的一个小村庄,母亲是当地工人的女儿。直至他5岁,塞尚的父母亲才结婚,此时塞尚已在圣约瑟夫学校就读小学。塞尚的父亲经商很成功,1848年收购了当地唯一的银行,成为当地有声望的银行家。塞尚在很小的时候便被寄予希望——接替父亲管理银行。毕竟,哪个父亲不望子成龙,想让自己的孩子一生衣食无忧呢。

由于家境殷实,青少年时期的塞尚接受了良好的教育,受到法国古典主义思想的熏陶,对文学和绘画都非常感兴趣,以至于他在抉择事业时一直犹豫不决。虽然最后选择了将绘画当作毕生的追求,但是他对于文学的热爱与造诣并不比绘画少或低,左拉在与他一同研究诗歌时,曾赞美塞尚:"你用心来写诗,我用脑写诗,你的诗更有趣。"

塞尚与左拉的友谊自中学时便极其深厚。1852年,自小失去父亲的左拉经常被同学嘲笑、欺侮,比他高两届的塞尚勇敢站出来保护他,由此开始了二人近40年的友谊。在小城埃克斯的乡下,人们经常会看到两人结伴散步、游泳的身影。在他们北上巴黎之后,依旧十分怀念乡间的淳朴风情,左拉曾写信给塞尚感叹道:"唉!我不再下乡了,我不再去托洛内的山岩间游荡……真令人怀念啊,那沉浸在葡萄酒香味中的回忆。"

塞尚中学毕业时,已经拥有了良好的古典文学知识积淀。在文学上,他是一个人文主义者,一生都沉浸在古典文学之中,仰慕诗人波德莱尔;但在绘画中,他却打破传统,摒弃传统艺术中的教条主义,打破了

塞尚故居（法国普罗旺斯埃克斯镇）

常规的绘画模式。除了文学和绘画，青年时期的塞尚还对音乐很感兴趣，他曾与左拉组建了一个鼓号乐队，并担任乐队的喇叭手。在移居巴黎时，他很舍不得将乐器扔下，便一并带了去。这位未来的画家拥有极高的音乐鉴赏力，在瓦格纳没有得到认可时，塞尚便是他忠诚的乐迷了。而晚年时，他曾经拒绝参加晚祷，原因竟是大教堂副神父的管风琴弹得太差。

虽然塞尚拥有多才多艺的艺术天赋，但是老塞尚并没有在孩子的兴趣上做过多的关注。埃克斯的地方贵族一直藐视老塞尚，人们说他是因为做帽子和放高利贷才发财的。这位自尊心极强的银行家怎能忍受这种羞辱，因此他要求儿子学习法律并在法院任职，来提升他的社会地位，尽管塞尚本人对法律并无兴趣。

1859年，塞尚决心要做一名画家，他希望父亲送他去巴黎学习，并在父亲买下的花园中整理出了自己人生中第一间画室。但是塞尚的父亲为了让自己唯一的儿子踏实地做自己事业的继承人，时不时便教训塞尚一番："孩子，想想未来吧！人会因为天赋而死亡，却要靠金钱吃饭。"塞尚虽然对这种资产阶级的生活观嗤之以鼻，但终究拗不过父亲的坚持，只得妥协。19世纪中期的法国，政权频繁更迭，阶级斗争持续发酵，社会动荡不安，在这样的境况下从事艺术事业是一件极为艰难的事。父亲不支持他画画，此时的塞尚没有收入来源，因此他只能偷偷地作画，并没有因为艺术事业与父亲闹翻，这样还可以拿到生活费。左拉当时已在巴黎定居，他在给塞尚的信件中埋怨塞尚不够勇敢、优柔寡断，左拉鼓励塞尚到巴黎学习，寻求发展。

作为法国的行政中心、交通枢纽、文化艺术中心，19世纪的巴黎能够满足当时年轻人的一切渴望，所有有志之士都对巴黎趋之若鹜，塞尚也不例外。此时，比他年纪小的左拉已然开始了在巴黎的文学生涯，塞尚不断游说父亲，终于获得许可。然而好景不长，没过多久，父亲又反悔了。

故居大门

这样的境况一直僵持到1861年4月，老塞尚看着账簿本边上大量的图画，知道儿子无心从商，对于绘画执着如斯，只好不情愿地做出了妥协，同意他去巴黎追寻自己的梦想，并且每个月给他寄125法郎的生活费。其实，塞尚能够坚持绘画，一部分要归功于殷实的家庭经济条件，使他不致为了艺术事业耗尽家产、颠沛流离。此时，塞尚终于来到了他日夜期盼的巴黎，挚友左拉已在此等候他多时。塞尚靠着父亲给的生活费在福昂蒂纳街租下了房子，每天在斯维塞画院练习绘画。

师承印象派

19世纪末20世纪初的欧洲，科学技术得到空前的发展，文艺创作获得新的灵感，艺术家们不再满足于单纯地描摹客观世界，而是利用崭新的视角和全新的创作方式，对艺术作品的审美价值重新定义。此时，印象主义应运而生，它的出现是欧洲艺术史上的一次思想飞跃，其影响遍及欧洲，并逐渐传播至世界各地，但其最为辉煌的艺术成就还是在法国获得的。卡米耶·毕沙罗作为印象画派的先驱，是他们的领袖。

在早期绘画中，塞尚深受浪漫主义画家德拉克洛瓦艺术的影响，学习他浪漫主义的绘画表达方式。塞尚以强烈的情感作为美学经验的来源，同时强调不安、惊恐等情绪，这种艺术表达方式是塞尚自我宣泄的出口。这时，他虽然在构思上略显草率，技巧上也稍有稚嫩，但他已经表现出对物体立体感的浓厚兴趣，比如作品《律师装扮的多米尼克叔叔》和《自画像》的画面上都留下了大量使用刮刀的痕迹，他将油彩大面积地散涂或堆涂在画布上，在平稳、安定的构图中塑造静态的形体。这一时期，塞尚并没有效仿印象画派致力于光线、景物的描绘，而是对各类绘画主题均有所尝试。这些传统主题的绘画中，还掺杂了一些充满暴力或阴森场景的作品，大量暗色调的运用使画面凝重而胶着，画中的人物形态扭曲而怪异，比如《尸体解剖》《劫持》《那不勒斯的午后》或《圣安东尼的诱惑》。他尝试多样画种，作品风格也不尽相同，虽然这一时期的不少作品已被他自己销毁，但通过残余作品依旧可以看到这位初入画坛的年轻人的不同尝试。

这一时期，经过马奈的介绍，塞尚结识了几位印象派画家，并参加他们在盖尔波瓦咖啡馆的聚会，但是他并没有因此而马上改变画风。他与学院派的艺术理念背道而驰，也没有学习印象派画家们科学自然主义的风格，他的作品很少出现在印象派画展中。然而，多年之后，这位固执而傲慢的画家却一反常态，向印象派求教。这种巨大的态度转变在塞尚的人生中屈指可数，毕竟他认准的事情，很少有人能够使其更改。

1870 年，普法战争爆发，法国各地烽火连天，局势混乱。为躲避兵役，塞尚父亲先后三次将他重金赎回，使其逃离战火纷扰之地。塞尚带着女友菲凯隐逸在距离埃克斯 30 公里的小村庄埃斯塔克。这里风景优美澄净，美好安宁，塞尚经常画这里的美景。战争结束后，塞尚在位于瓦兹河畔的奥维尔定居，结识了同时定居于此的印象派领袖毕沙罗，二人相见恨晚。这一时期，毕沙罗与塞尚关系亲密，亦师亦友，毕沙罗常在绘画方面给塞尚提出一些好的建议，对塞尚艺术人格的发展起到非常关键的作用。在奥维尔时，毕沙罗不断鼓励塞尚，建议他到户外去写生，关注大自然，建议他放弃他画面中永恒的黑色，还教会了他一种技术性的绘画方法，让塞尚一切都经过事先推算，一步一步向前推进。虽然塞尚性格孤傲暴躁，但面对毕沙罗的指导他却欣然接受，毕沙罗对绘画艺术的探索与追求，令塞尚深深地敬佩。塞尚开始在作画前思考，对构图、色块、笔触进行主观性的调动，摒弃了早期绘画中颜料过度堆积的问题。对塞尚来说，毕沙罗的引导更像是对他孤傲独断性格的一种约束，使他更加人性化，远离偏执与极端，并让他更客观地看待艺术与自然。从这时起，塞尚开始接受一些印象派的绘画方法，逐渐改进阴暗的色调，关注光影的变幻，作品整体色调变得鲜艳明亮。

塞尚 1872 年模仿毕沙罗的同名作品创作的《奥维尔》，可以算是他接受印象派绘画风格的处女作。此后，塞尚创作的大量作品，明显比前期作品色彩更加明亮、丰富，题材依旧十分丰富，但是充满幻想的黑暗场景已经很少见了。并且在毕沙罗的指引下，绘画的笔触也有了变化，出现印象派的短小且连成排的小笔触。不管是《维克多·肖凯的肖像》还是《瓦兹河谷》，都色彩明丽，富于变化，并且笔触也变化丰富，独具魅力。

毕沙罗可以说是他的艺术生涯的启明灯，虽然他并不总是认同印象派的规则，但这并不妨碍他尊其为师。1903 年，毕沙罗与世长辞。三年后，塞尚为纪念这位人生导师，在他的展出作品的目录中恭敬地签上：

故居廊道

保罗·塞尚，毕沙罗的学生。

　　在走出封闭的画室，接近大自然之后，塞尚抛弃了自己先前绘画中简单而感性的色彩处理，同印象派大师一样开始探寻自然中的光色奥秘。但很显然，塞尚是个有自己想法的画家，他最不屑的就是随波逐流、人云亦云。因此，虽然他师从毕沙罗，但对印象派那种过于追逐瞬间光色而将物象的存在打散的画法，他并不认同。他一直希望提升绘画中物象的厚重感。"色彩丰富到一定程度，形也就成了。"塞尚在讲自己的绘画时经常重复这句话。他十分注重表现物体的结实感和画面的纵深度。为了实现这种追求，他完全摒弃了线性透视法，使物象的体量感重新在绘画中占据主要地位，但这种体量感其实是依靠画家自由组合的色块所展现出来的独特画面感。因此，塞尚被称作"印象主义的坚实派"。

孤独的人像

奥地利诗人里尔克说:"艺术永远是孤独的,绝非评论可及。唯有爱能搂住它,了解它,珍惜它。"① 真正的艺术家也是孤独的,只有孤独敏感的生命才能触碰到灵魂深处的沉静与悲悯。这种异于常人的孤独显然是这位超前艺术家的人生主旋律。

孤独的情绪不断缠绕着他,在他执着绘画的日子里,在他北上巴黎的时光中,甚至在他终于赢得众人的赞誉之后,他依然终日与孤独为伍,甚至享受孤独。现实与理想往往相差甚远,塞尚并不能完全适应巴黎的喧嚣与嘈杂,在这个偌大的城市里,他变成了一个孤独的异乡人。他一直未能考入巴黎高等艺术学院,其原因是高校的评委认为塞尚"具

《圣维克多山》

---

① 里尔克. 给青年诗人的信[M]. 上海:上海译文出版社. 2011:34.

有色彩画家的气质，却不幸滥用了颜色"，这一评价无疑令他沮丧。然而，他的烦恼不仅来自梦想的碰壁，还有社会各界的不友好。那些精致而排外的巴黎人，一见这个衣着朴素、不甚讲究的外乡人，鄙夷而嘲讽的神情便写在脸上了。这一切都使在巴黎闯荡的塞尚感到痛苦。他早已丢掉了在家乡时的安逸与快乐，在与左拉的通信中他也提到自己只不过换了个地方，烦恼还是跟着自己。

塞尚怀念在故乡的温馨时光，因此当他感到不快乐时，便回到埃克斯。在他终日怀恋的埃克斯，他是一个孤独的隐居者，他排遣孤独的方式便是在房间里独自画画。这种性格上的独特体验一直环绕在他的生命中，使他在艺术上更加坚持而固执。这种独自作画的习惯，使他越来越不善于与人交际，甚至情绪反复无常。在他的模特中，最令他满意的应该算是塞尚夫人了。曾有人问为什么塞尚笔下的夫人总是神情冷漠、不苟言笑，事实上，塞尚所有的肖像画几乎都是庄严肃穆、面无表情的，这不仅仅是要展示画家的某种特定情绪，同时也体现出被画者的情绪，因为塞尚的模特需要长时间地保持一个姿势不动，甚至表情也不能变化。长时间作画不论是对模特还是对他自身而言，都是一项无比艰巨的任务。他的肖像画，人物头部线条和色调简洁，笔触粗犷，和他同时期的静物画如出一辙。

塞尚的《自画像》创作年代较晚，却更具个人风格。他是一个很喜欢画自画像的艺术家，我们从他诸多自画像中，可以看出时光是怎样将这个脾气暴烈、孤芳自赏的年轻人蜕变成一位拘谨而不善言辞的老人的。在1880年的自画像中，画面冷暖色调的对比更为自然，对于面部骨骼立体感的把握更加明确，同时画家的眼神也变得温和平静了许多，少了一些年轻时的傲气，多了一分庄重。在其中似乎已经找不到任何独属于塞尚的情绪特质，他的双眼不再闪烁着威慑而热烈的光芒，别人的盛赞或苛责在他身上已经失去了效用，他的全部精力都集中在那独具慧眼的探索之中。

同样不容忽视的肖像画是塞尚在1890年到1895年期间创作的5幅

《玩纸牌者》，其中有两幅多人的，三幅两人的，是对埃克斯地区农民日常生活的写生作品。这5幅作品深刻地体现了塞尚对构图的执着，其中纪念碑式的稳定结构给人强烈的庄重感，仿佛不经意地营造一种静谧专注的氛围。他运用色彩的和谐对比使人物形象更有立体感，并利用不同的三角形和直角变化，使构图平稳而对称，没有任何一个部分是孤立存在的。

塞尚的艺术生涯是一条寂寞之路。他曾被认为是一个低能儿，一个走错路的画家。画家、评论家对他的非难从未停止过，孤独深深嵌入他的骨髓。但他深知这种孤独不是无人理解的，他的挚友左拉依旧能够与他感同身受。而多年之后左拉那本以塞尚为原型的小说《杰作》的出版，使塞尚明白自己在友人眼中原来只是一个受尽嘲讽、下场悲惨的失败者，这让他失望至极，两人之间那段不断拉开的距离突然变成了无法逾越的鸿沟，近40年的友谊彻底破裂。此刻，他方才尝到了真正意义上孤独的滋味。事实上，相比塞尚，左拉在巴黎的文学生涯顺利许多，他很快便在法国文学界声名显赫，而同样去法国艺术中心逐梦的塞尚，结果却并不太好。作为好友，左拉虽然同情塞尚的遭遇，但并不理解塞尚的画风，他不止一次表示塞尚在艺术上热情有余、才气不足。《杰作》这本书将左拉对塞尚的评价不留情面地公之于众，它以接近批判的手法描绘并预测了塞尚失意的艺术生涯。小说通过主人公克罗德的遭遇展示了一个在巴黎浮沉最终梦碎的画家悲惨的一生。小说的结局是画家因为无法创作出令自己满意的作品，在自己的画布前自杀身亡。

出版后，左拉还特意寄给了塞尚一本。这些文字深深刺痛了塞尚的心，他以为至少这位多年的老友能够懂他，事实证明他错了，正如他所说："孤独对我是最合适的东西，孤独的时候，至少谁也无法来统治我了。"在那之后，他给昔日挚友寄了最后一封信，便断了联系。直到1902年9月的某天，左拉因火炉故障意外身亡，得知噩耗后的塞尚整日待在画室里，悲痛得无法自已。多年未见，转眼已生死永别，前尘旧

《玩纸牌者》

事一笔勾销，在左拉的追思会上，他回忆起二人年轻时真挚的友谊，平日冷傲孤僻的画家几次失声痛哭。

深沉的静物

在我们尚未了解塞尚成熟时期的肖像画和风景画时，可能会误以为他是一位静物画家，因为这位艺术家对静物的理性的深情与深邃的直觉，堪称无人能出其右。尽管在观赏者眼里，静物画所展示的仅是一些简单的生活用品，但在画家眼中，一幅作品的空间对比、节奏平衡，以及物象的内在感情等都包含着普遍而深刻的意义。从塞尚的静物画中，我们可以感受到一种厚重的体积感与真实的整体关系，以及由此而生的和谐情感共鸣。例如作于1880年的作品《高脚果盘》是塞尚水平最高、最著名的静物画之一。在这幅作品中，我们发现他舍弃了画刀的大面积涂抹，取而代之的是细小笔触的逐渐叠加，他用蓝灰色或是褐色

故居小院

细腻地勾勒出物体的轮廓线，以此寻找用绘画的二维属性表达立体形象的可能性。这一绘画技巧的变化使画面细致而充满着自我的沉思。在造型方面，为实现画面有秩序的布局，塞尚将高脚果盘和玻璃杯的开口处都做了一些变形处理，将水平的桌面处理成前倾的状态，将原本看起来较尖的椭圆形开口变得两端接近圆形。这种有意的歪曲透视处理使画面更加厚实稳重，而相互牵制的整体关系，使画面仿佛一张大网，所有物象都各得其所，无法挪动。

如果说塞尚早期的静物画过于粗犷厚重，那么在《静物与汤碗》中，塞尚便将这种笔法上的粗犷与色彩上的自由发挥到了极致。他运用极其明亮强烈的色彩明暗对比，抛弃了西方古典写实画法所使用的透视法，采用多视角观察，导致主观意识变形，使人产生一种视觉上的真实感，让色彩以一种令人陶醉的强度和纯粹性在此"吟唱"。

也许是同瓦罐和杯盘这些静物朋友们相处得时间过久，塞尚与人的交流明显吃力许多。他不善于协调，一旦事情超出预期，便会大发雷霆。这一情况在他对肖像画的创作上体现得最为明显，他要求模特要像静物一样一动不动。这种近乎苛刻的诉求，使做塞尚的模特成了一件极痛苦的事。塞尚的艺术品代理商沃拉尔曾说,有一次塞尚为他画肖像,结果他不小心睡着后从座椅上翻了下来,此时塞尚冲上来,冲他呵斥,说他是个该死的家伙,把整个局都搅黄了,塞尚还说他应该像一个苹果一样坐住。

尽管塞尚孤独成性、特立独行,但依旧十分渴望世人的认可。由于毕沙罗的引荐,他的三件作品《缢死者之屋》《现代奥林匹亚》和《浴女》在印象派画展得以展出,但官方对他的评价依旧充满偏见与误解。其中,《现代奥林匹亚》受到了评论家和参观者的特别关注,但这种关注显然是由于对他的不认同与诋毁而引发的。在第三次印象派画家联展中,负责展览的莫奈、雷诺阿、毕沙罗和卡依波特已经意识到其作品的独特之处,并一致同意把最好的展位留给塞尚。但塞尚的作品并没有因此而受人追捧,恰恰相反,塞尚的油画作品遭到了路易·勒鲁瓦等评论家的挞伐。青年评论家乔治·里维埃曾在当时的艺术周刊上撰文说,在1863年后约15年的时间中,一直遭受报刊与公众诘难和不公对待的艺术家,就是塞尚。在巴黎期间,他数次向沙龙送画,但屡试屡败。虽然如此,他对自身所信仰的艺术准则依然十分坚持,决不会迎合官方沙龙的标准。遗憾的是,这种坚持并没有得到重视并赢得沙龙的青睐。直至1882年,身为沙龙审查委员之一的画家基约曼非常欣赏塞尚的创造力,于是利用"审查委员可以让其学生的一幅作品入选"这个特权,使塞尚终于有一幅画可以展示于巴黎的官方沙龙。在展览目录里,塞尚的名字前被有心之人冠以"基约曼的学生"这一头衔。但他显然低估了官方对塞尚的偏见,人们甚至因为塞尚作品的入选而质疑基约曼的艺术水准。自此之后,这一特权被取消掉,塞尚的作品便再无进入官方画廊的机会。然而数年之后,这位"沙龙落榜生"作为逆转传统的标杆,被公认为现代艺术的先知,他所产生的艺术影响比当时所有官方的学院派画师都要深远。

在屡屡受挫之后,塞尚逐渐离开了印象派画家们的小集体,返回家乡埃克斯。经历了孤独而平静多产的10年,他决定悄悄地作画,直到有一天他觉得自己能从理论上论证自己的实验成果为止。这10年间，他除了短暂的外出旅行外，几乎都在家乡埃克斯进行他的绘画研究，其间他创作出了《圣维克多山》系列、《玩纸牌者》系列、静物写生画等众多优秀的作品。1889年，塞尚的作品第二次在官方展览。当时身为政府官员的肖凯利用职权，将自己收藏的塞尚的《缢死者之屋》于当年的法国艺术年展上展出。但是朋友的照顾并没有改善塞尚的境遇，他的作品再一次被埋没，没有引起大家的关注。1895年11月，一位十分欣赏塞尚作品的画商在他位于巴黎的画廊举办了第一次大型的塞尚个人画展，展出了塞尚的150幅作品。他的帮助对塞尚来说可谓得失参半，虽然不可避免地激怒了学院派，引发了许多争议，但随着报社发布的新闻，反而提高了塞尚的知名度。随后塞尚多次参加了"独立派沙龙"展览会，1904年前后还多次参与了"秋季沙龙"，并且将他的作品在专厅中单独陈列。

结构中的风景

艺术评论家弗莱曾对塞尚晚年的画作做出评价：塞尚最后阶段的某些作品似乎变得越来越抽象，其母题也越来越不可辨识，达到了介质和形式安排的某种自足性。塞尚晚年的风景画中数次体现出这种和谐的自足性，尤其在《圣维克多山》组画中，体现出画家一如既往的对艺术中自然平衡与和谐的追求，不仅以新绘画风格展现了外部自然，而且实现了绘画艺术对世俗自然表象与神圣永恒主题的兼顾，从而达到了他艺术的巅峰。

这种巅峰的实现不是一蹴而就的，塞尚对真实的探索使他一直处于苦苦挣扎的状态，他一直无法将浪漫主义的激情与古典主义的永恒结合起来，但他始终没有放弃。他通过理性的考量，将客观风景进行简化抽象处理，使它们统一在一定的秩序之中。从塞尚这一时期绘画风格来看，他将有深度层次的空间用多种层叠状态和色彩的强烈对比展示出来，而

塞尚的静物作品

这种空间形态则呈现出逐渐平面化的风格。这种独特的审美趋向体现在最令世人印象深刻的静物写生画以及肖像画等众多作品之中。塞尚对于风景的刻画依旧遵循着其自身的审美标准。塞尚虽然受过印象派的影响并曾与印象派画家联展过，然而，他没有人云亦云，没有受印象派创作理念的束缚，而是展示了自己脑中的艺术观。他对自然的态度是写实的，同时又是写意的，因为在他眼里，艺术的主要目的不是再现，而是要把自我情感表达出来。他对光影明暗关系的关注，不是仅仅通过捕捉光线来表现物体，而是理性地关注形状，将它们有秩序地归纳，同时保持形、光、色之间的一致性。

1882 年开始，塞尚便长期隐居家乡。家乡的圣维克多山是塞尚最留恋的地方，那里有他与好友们美好的青春回忆。在之后的几年间，他手中诞生了大量描绘此地的风景作品。1886 年，88 岁的老塞尚逝世，这位优秀的银行家留给了塞尚 200 万法郎的巨额遗产，使塞尚不必艰辛度日，可以继续自己的艺术创作之路。

塞尚晚年的风景画，不管是《波凡盆地附近》，还是《圣维克多山》，展现的画面气氛都更加自由，色调更加欢快。圣维克多山对于塞尚的重要性，我们在他对山脉以及山脉附近的原野的大量绘画中可见一斑。在旁人眼中，这座山或许与其他山别无二致，但对塞尚来说，它是如同家一般的存在。他在那里可以得到完全的放松，心无旁骛地描绘眼前的

暮年的塞尚

风景。在这些风景画中，塞尚用他那一如既往的诠释方法展示着一望无际、连绵起伏的山峦。在以圣维克多山为主题的绘画中，他摒弃了印象派画法中的瞬间光影特性，抛掉了不稳固的流动感，用独有的轮廓线，将画面统一成一个整体，呈现出圣维克多山亘古永恒的凝固感。此时，圣维克多山所呈现出的生命特征，已经成为激发塞尚不断创作的灵感与动力。正如德国学者哈约·德斯汀所说："塞尚的'自然'不仅仅是普罗旺斯的风景，而且是世界普遍的、可见的现实，他想要在其外在的主题中创造一种内在的、更为深刻的秩序，因此带有一种远远超出自然规律的现代概念的意义。"

晚年的塞尚依旧过着孤独、简朴的生活。他虽然并未得到官方学院派的认可，但在1895年个人展览之后，他的作品多次在"独立派沙龙"和"秋季沙龙"展出，开始欣赏塞尚并收藏他作品的人不断增多，一些作家和评论家在图书、杂志报刊都公开表示对他的赞赏。但他并没有骄

傲自满，反而表现出极为谦逊的态度，在给好友路易·奥朗什的信中他写道："其他人的赞美是一种兴奋剂，有时还是提防的好，对自己力量的认识使人变得谦逊。"①这种对艺术事业的谦逊使他不断探寻自我的极限，直到逝世前10天还在坚持绘画。在他看来，自然瞬息万变，对自然的描绘也将永无止境，只能希冀在每天的坚持中都能获得更深层的领悟。

1899年，塞尚最后一次前往巴黎，不久又重回埃克斯。在那之后，塞尚长年由一位忠诚的管家布雷蒙夫人陪伴和照料，他不与妻儿合住在一起，他需要十分安静的绘画环境。他依然孤独，或者说已经开始享受孤独。尽管疾病不断地折磨他，蚕食他的意志，但他仍然勤奋地绘画，并不定期地到野外写生。塞尚不同于印象派画家喜欢强调光线与景致的融合，因此他总是在阴天的时候出门作画。然而这样的习惯却令他过早地离开人世。1906年10月15日，塞尚如往常一样在阴天的时候去户外写生，不料暴雨大作，恶劣天气使年迈又患病的画家体力不支晕倒在路边。路过的人将他送回到家中。翌日，他还要坚持继续画完《园丁法黎耶》。10月22日，塞尚肺部严重充血，由于路途遥远，妻儿最终也没能赶到他的身边，没有家人的陪伴，他孤独地离开了这个他短暂逗留的世间。

现代艺术之父

塞尚是一个很少为人所理解的孤独者，孤独对这位艺术家来说，是一种获得内心自由的方式。也正是这种孤独，使塞尚特立独行的创作态度能一直得以延续。他对物象的明暗、体积、层次、空间的研究，是野性色调营造下的理性本色，是不甘于重复前人经验的勇敢探索。他对艺

---

① 雷华德. 塞尚书信集[M]. 刘芳菲，译. 上海：华东师范大学出版社，2010：184.

术的独特理解和史无前例的绘画风格不仅对人类绘画艺术的发展轨迹产生了影响，而且对于其他艺术类型的发展变革也产生了深远的影响。塞尚的一生，充满了不肯随波逐流的执着与敢为天下先的无畏，他那独立的绘画艺术风格就是他独立人格的真实写照。

弗莱曾说："如果绘画的本质就是模仿，那么它还有什么价值呢？"塞尚之前的造型艺术，包括印象主义在内，从根本上说，是模仿自然或是再现自然的艺术。而艺术作品的水准高低，主要取决于作品是否真实再现自然以及相似程度如何。塞尚的出现，打破了这面表层展示的镜子，使绘画真正深入物象的表里。在他看来，艺术的真实要比自然的真实更加重要，画家应遵循自己内心对物象的直观性感受，经过理性思考，在画布上创造第二个自然。

除了对画面体量和结构的改变，塞尚对色彩的应用也突破了传统绘画的固有模式，来充实他追求一生的视觉表达。这种视觉形象比传统绘画艺术带给人的视觉形象更有震撼性。如果说莫奈、雷诺阿这些印象派画家是将运动中的事物的瞬时表现固定在画布上的话，那么塞尚则是要在艺术中探寻一种永恒不变的形式用以表达自然。自塞尚起，西方艺术史的进程不再重蹈覆辙，现代主义的变革大刀阔斧地展开了，各种流派随之纷至沓来，野兽派、立体派、抽象派、表现主义、达达主义等各种与传统艺术分道扬镳的艺术流派和艺术思潮出现。他们毫无保留地继承了塞尚的艺术表达方式，将自我与反叛进行到底，在他们眼中，塞尚无疑是"艺术家中的艺术家"。在他去世之后的百年里，西方艺术家循着他的脚步，一步步打开艺术探索之禁区，一片片地拆除了艺术传统之桎梏。至此，塞尚终于得享声誉和后世画家直率的敬意。

"好的艺术家模仿皮毛，伟大的艺术家窃取灵魂。"艺术家本身就是一件作品。如果说文艺复兴运动的主要目的是反封建、反宗教，那么现代主义则更进一步地将艺术的焦点集中在人本身，聚焦于深刻的自我体验上。自塞尚出现以来，现代主义艺术大师虽以反传统、反理性为旗帜，但他们开拓了艺术的自我展现能力，创新性地使用了各种艺术表现手法，

故居门前的大街

用色彩抒发了内心的情感。由此可知,艺术的人文主义光辉从未落幕,而塞尚这位特立独行的画家以自己独有的方式展示出个人与艺术之间的完整联系,将竖立了400年之久的传统艺术之墙耐心地拆除,让世界迎来了崭新的艺术时代,他无愧于"现代艺术之父"的美誉。

(撰稿:付晓斐)

参考文献

陈子艽. 谈艺三题 [J]. 创作与评论，2013（14）.

林永秀. 孤傲的大师：追求完美的塞尚 [M]. 北京：北京少年儿童出版社，2003.

雷华德. 塞尚书信集 [M]. 刘芳菲，译. 上海：华东师范大学出版社，2010.

里尔克. 给青年诗人的信 [M]. 上海：上海译文出版社，2011.

潘襎. 塞尚艺术书简 [M]. 北京：金城出版社，2011.

史佳柽. 塞尚的哲学随想 [M]. 北京：北京大学出版社，2005.

柴可夫斯基

　　俄罗斯是一个人才辈出、群星璀璨的国度，这里产生了众多杰出的艺术大师。5月的俄罗斯是寂静而又充满活力的，春日的阳光铺洒在卡马河中游支流西瓦河上，正在解冻的河流哼唱着优美的乐曲，与沃特卡河汇流在一个叫作沃特金斯克的小镇上。1840年5月，一个小生命在这座小镇诞生了，他就是后来被誉为"俄罗斯音乐大师"的彼得·柴可夫斯基。这样一个人口不足10万的小镇，因他而名声大噪，今日这里的柴可夫斯基故居已被作为博物馆保护起来。

　　坐落在莫斯科北方90公里处的克林小镇，同沃特金斯克镇一样因为柴可夫斯基而闻名遐迩。这里有他生前最后的居所。每到柴可夫斯基诞辰和逝世的纪念日，这里都会举办纪念会，世界著名的作曲家会聚集于此，用故居中柴可夫斯基留下的钢琴弹奏他所创作的曲目。这栋楼房曾是俄罗斯国际法学家萨哈罗夫的宅邸，柴可夫斯基于1885年搬至这里居住。这座灰白相间、结构严整的双层住所被绿树环绕着。通往故居大门的道路掩映在一片苍翠之中，路旁不远处有一座柴可夫斯基的雕塑，表现的是他晚年

柴可夫斯基故居（俄罗斯克林）

坐在长椅上阅读的情景。柴可夫斯基喜欢这种静谧的地方。干净的空气与幽静的乡村是他幸福生活必备的条件，在这里他可以远离大城市的喧嚣，潜心创作，《胡桃夹子》《悲怆交响曲》等著名作品就是在这里诞生的。

柴可夫斯基去世后，他的弟弟买下这所房子改建为柴可夫斯基故居博物馆。与其他大家的故居相比，柴可夫斯基的小楼显得有些简陋，故居里的装潢、图书、照片、画作、档案资料乃至一桌一椅都散发出珍贵的历史气息。虽然经历过战争的创伤，但我们在这里依然能够寻觅到这位大音乐家的生活痕迹。推开这座欧式小屋的大门，走进一楼的展览室，首先映入眼帘的便是柴可夫斯基的一幅黑白相片。当我们透过橱窗观赏橱柜中柴可夫斯基留下的指挥棒、曲谱时，仿佛还能看到他曾经在这里工作、生活的身影——黑色的西装整洁如新，小绺的胡须梳理得很仔细，他精力旺盛、工作勤勉，只有银白色的头发让他看起来像个老人。他时而伴着桌上温暖的灯光奋笔疾书、伏案写作，时而走到窗边戴正礼帽，练习指挥，时而端庄优雅地在钢琴前正襟危坐、弹奏乐曲，那悠扬的琴声曾随着19世纪俄国追求自由、企盼光明的号角响起，穿透这简朴的房屋，盘桓全俄，响彻了整个世界。

音乐赤子

如果上帝也需要作曲家的话，那么柴可夫斯基必定是他钦点的候选人之一。这位崇拜莫扎特的作曲才子，在初露音乐才能的学生时代就曾在一封书信中写道："我有一种将来会成为作曲家的预感。"他虽不像莫扎特那样是堪称天赋异禀的音乐神童，但他拥有对音乐极为敏感的天性和强烈的热爱。

柴可夫斯基的母亲喜欢音乐，会弹奏钢琴，他的音乐细胞最初是在母亲的熏陶下成长起来的。柴可夫斯基最初居住的沃特金斯克镇是一个远离都市喧嚣的地方，他童年时经常牵着母亲的手徜徉在大自然的怀抱之中，在这样的耳濡目染中他的音乐细胞不断积蓄着能量。这位有着法兰西血统的温柔贤惠的母亲成为他早期的音乐启蒙导师。不幸的是，1854年母亲因感染霍乱而过早离世，这给柴可夫斯基带来了沉重打击，他也因此创作出了人生中的第一部作品《献给安娜丝》。对于柴可夫斯基来说，母亲虽只在他的生命中存在了14年，却对他产生了极为深远的、不可估量的影响。

沉浸在巨大悲伤中的柴可夫斯基继续回到他的法律学校读书，毕业后按照父亲的意愿成为一名官吏，这是当时俄国上流家庭子弟长大后常走的两条路之一。10岁就离开父母去寄宿学校念书的柴可夫斯基本就脆弱敏感，背井离乡和学校的军事化管理使他一度感到异常孤单。然而他不久就适应了环境，很快便和同学们愉快地相处起来。他天生有一副好嗓子，拜母亲和幼时的音乐教师所赐，他还弹得一手好钢琴，在课余时间他常会为大家弹奏优美的曲调或献唱一首，很能博得大家的好感。他的一些同窗好友后来曾向柴可夫斯基的传记作者莫德斯特谈到在柴可夫斯基身上一些特质：他身上有与周围孩子们不同的东西在吸引人心。善良、和气、热心、忘我，是他童年起就具有的突出品质。从法律学校毕业时柴可夫斯基年仅19岁，按照政府的规定进入了司法部门任职。

然而柴可夫斯基敏感的性格使他无法适应司法部的工作，他虽然学过多年法律，可是在这个司法部文员的岗位上，他并不如意。

兴趣是最好的老师，一个人对于某件事情如果是真的热爱，即使人生的航向出现了暂时的偏离，内心的呼唤也会把它拉回到正确的轨道上来。1862年，柴可夫斯基的一篇《夜半：浪漫曲，女高音或男高音独唱，钢琴伴奏》让父亲大为惊叹。这位通情达理的父亲不顾很多人的反对，用自己的退休金全力支持儿子进行创作。终于在22岁时，柴可夫斯基选择了辞职，考入圣彼得堡音乐学院，和他所热爱的音乐走到了一起。他曾说过，只想做自己觉得有能力去做的工作，无论是著名的作曲家，还是奋斗不息的音乐教员，都完全一样。不论从事哪种与音乐有关的工作，他都无怨无悔，更不会埋怨命运。

旋律大师

1860年，以大钢琴家兼作曲家安东·鲁宾斯坦为首的俄罗斯音乐协会成员在莫斯科分会开办了音乐班。当时的柴可夫斯基还在司法部任职，他利用业余时间进入音乐班学习，并且进步飞速。1862年音乐班扩充，并改名为圣彼得堡音乐学院，柴可夫斯基正式获得学籍。安东·鲁宾斯坦看中他的天赋，提出要亲自教导他。在作曲课上，老师安排柴可夫斯基根据指定主题写10首对位变奏，第二天柴可夫斯基交来200多首变奏曲。正是凭借这样惊人的天赋和努力，柴可夫斯基进步神速，在毕业之初就荣膺教授头衔。1865年，柴可夫斯基从圣彼得堡音乐学院毕业后不久，经恩师安东·鲁宾斯坦的推荐，成为莫斯科音乐学院和声学专业的一名教授。短短几年时间，他从业余爱好者转变为内行音乐家，所有成果的取得与他的异常努力密不可分。

莫斯科的秋日天已渐凉，柴可夫斯基在清晨朦胧的天色中醒来时，窗棂上还挂着晶莹的露珠，这种微微的清凉与潮湿让人心神爽快。起床后，他先是把心中跳跃的音符倾泻于纸上，接着进行梳洗准备，开始自己一天的教学工作。柴可夫斯基,这位世人眼中伟大而卓越的音乐大师,同时还有一重令人尊敬的身份,那就是教育家。他曾以教授的身份执教于莫斯科音乐学院长达12年,全部的音乐理论都曾是他教案的主题。

柴可夫斯基在莫斯科音乐学院任职的第一个冬天,为了把自己的教学工作做好,殚精竭虑,以至于当第二年春天到来时,他已陷入神经衰弱的状态。"出色的教育家"是他所教授过的学生们对他的评价,也是对他的极大肯定。学生们说,柴可夫斯基一向关注他们的学业,为他们耐心地批改作业,并给予细心的指点。后来,柴可夫斯基还亲自编纂了音乐教科书,其中精准的说明和精妙的曲例深受同学们的喜爱。柴可夫斯基对待工作毫不懈怠,勤勤恳恳。他不仅是誉满天下的音乐巨人,还是人们身边传道授业的敬业园丁,这或许也是他如此令人尊敬的原因之一。

我们可以把柴可夫斯基在莫斯科音乐学院的任教时期看作他创作的早期阶段。这个时期,他作曲成果丰硕,作品倾向于表现对光明欢乐的

故居前厅

故居大厅

追求和信心。他在学习时代写成的第一首交响曲《大雷雨》的序曲取材于亚历山大·奥斯特洛夫斯基的经典戏剧，一经上演就引起了强烈反响。随后，他根据席勒的诗歌所作的清唱剧《欢乐颂》在音乐学院结业式上演出，获得了银牌的优异成绩。1869年，他创作了《罗密欧与朱丽叶幻想序曲》。这部作品是根据莎士比亚的戏剧《罗密欧与朱丽叶》创作的。莎士比亚所处的文艺复兴时代与当时俄国的社会有惊人的相似之处，其中鞭挞中世纪封建宗教神学思想、讴歌人性自由解放的人文精神引发了柴可夫斯基内心深处的共鸣。

　　柴可夫斯基生活的时代是俄国社会动荡最为激烈的时期。沙皇的专制统治腐朽落后，百姓备受压迫，民不聊生。俄国农奴制长期存在，直到亚历山大二世时期才得以废除，农奴终于在法律上获得解放，然而长期以来黑暗统治留下的弊病并不能在一时之间消除，社会矛盾达到了顶点。柴可夫斯基热爱祖国，关心人民，深谙沙皇政权的弊病，但他在政治上是王朝的拥护者，这样的矛盾思想在他的心中不断激荡，促使他对国家前途、人民命运进行深刻思考。柴可夫斯基的乐曲有着强烈的民族性，他用极具俄国风格的旋律来渲染悲伤，被称为"悲观音乐家"。他音乐中的悲观色彩，正是在那个动荡、混乱、黑暗而且悲惨的时代下产生的"世纪病"。[①]有人说《罗密欧与朱丽叶幻想序曲》中那震撼人心的极不和谐的和弦正是对当时社会的强烈抨击，曲中美好爱情的主题正表达了柴可夫斯基对幸福生活的憧憬。这部曲子采用奏鸣式结构组合中的变体曲式——双奏鸣曲式写成，结构宏大，旋律优美。柴可夫斯基利用高超的创作技巧，运用交响乐自身的表现特点，充分表达了该剧内容的矛盾性及主题的悲剧性。

收获了巨大成功的交响幻想曲《暴风雨》谱曲于1873年，题献给评论家史塔索夫——他为柴可夫斯基提供了题材和灵感，是柴可夫斯基音乐会上的常客。1882年的《a小调钢琴三重奏》是柴可夫斯基为纪念好友——著名钢琴家、教育家尼古拉·鲁宾斯坦（安东·鲁宾斯坦之弟）所作的，题为"纪念一位伟大的艺术家"，于同年3月2日在尼古拉·鲁宾斯坦逝世一周年的追思会上首演，之后被奉为室内乐曲中的最高杰作。这一时期他还先后创作了第一、第二钢琴协奏曲，第一、第二、第三组曲，第一、第二、第三、第四交响曲，《D大调小提琴协奏曲》《浪漫曲》《C大调弦乐小夜曲》《禁卫军》《天鹅湖》《尤金·奥涅金》《马捷帕》等传世名作。其中，《天鹅湖》是柴可夫斯基创作的第一部舞剧，也是世界芭蕾舞剧的典范，它充满诗情画意和戏剧力量，与音乐家后期创作的《睡美人》和《胡桃夹子》一起，把芭蕾舞剧提高到交响音乐的水平，是舞剧发展史上一部划时代的作品。

吾亦凡人

身为大师是一种什么样的体验？我们不得而知。人们总爱寻找他们的非凡之处，却忘了他们其实也是芸芸众生中的一员。想要真正了解柴

[①] 参见邵义强. 悲怆音乐家柴高夫斯基[M]. 北京：东方出版社，1973：2.

可夫斯基，或许我们应该把目光暂时离开他的诸多成就，转而移向日常生活。

诚如爱迪生所言，天才是百分之一的灵感加上百分之九十九的汗水，天资优异的柴可夫斯基也是凭借不懈的努力才取得了巨大的成就。他对生活和工作充满热情和激情，喜欢快节奏，他走路快、写信快、阅读快；他是掌握时间的一把好手，旅行采风、指挥演奏、教学、创作、社交，一项项的工作充斥着他的生活，白天他从不睡觉，而是把更多时间留给自己认为更有价值的事情。令人欣慰的是，高强度的工作并没有损害他的身体健康。这里面有什么样的秘密？著名音乐评论家拉罗什在回忆起逝去的挚友时曾经写道："柴可夫斯基无论在青年或壮年时期都不愿求教于医师，而是自我治疗，他懒得服药，尽可能不用药；他重视卫生保健，用我这外行眼光看来，他是这方面真正的行家；他细致研究过自己，善于分辨对自己有用或有害的一切，并以此种观察为基础给自己订立最严格的制度，而在旁人看来并不明显，因为他在运用规则时能够做到一点也不死板。"① 谁能想到这位音乐家还有另外一个职业，那就是自己的"私人医生"呢！托拉罗什的福，我们看到了柴可夫斯基如此与众不同的可爱的一面。

不过，对健康如此严谨认真的柴可夫斯基也有大咧咧的一面。柴可夫斯基十分清楚钱财的重要性，他在钢琴家尼科拉耶夫还是一位十几岁的学生时就曾对他说："如果没有物质保证，音乐家的生活将会很困难。"但在理财方面柴可夫斯基是一位彻头彻尾的门外汉。1892年哈尔科夫音乐学校校长邀请已负盛名的柴可夫斯基来哈尔科夫指挥交响音乐会，得到他的热烈回应和热心支持。他与校长详谈了关于音乐会的计划，而全然没有提及报酬一事。这里还有一个小小的插曲，据他在哈尔科夫演

---

① Herman Laroche，等. 柴可夫斯基其人其事[M]. 申元，译. 台北：世界文物出版社，1998：14.

故居内室

出时乐团的小号手梁赞采夫回忆：当时柴可夫斯基认识的一位单簧管演奏员巴钦科因病住院缺席表演，他得知消息后立即抽空前去看望，并慷慨地伸出援手，在经济上给予了帮助。1890年他给好友作曲家、指挥家伊凡诺夫写信时曾询问："你能否约我指挥一两场音乐会？我现在很缺钱，因此需要得到些收入以弥补外出旅行的开销。"[1]1891年2月19日，《黑桃皇后》于圣彼得堡的马林斯基剧院首次公演，引发了强烈反响。这部歌剧的接连上演给他带来了丰厚的收入，本应为他舒适的生活提供有力保障，然而事实却并非如此。他是如此的热情好客，以至于会因为他去国外时大家曾演奏小夜曲欢迎他的到来而宴请了所有宾客。对于他来说，请客是一大乐事，钱财则是身外之物。用伊凡诺夫的话来说，如果柴可夫斯基不是这个性格，他肯定积蓄颇丰，可以购房置业，能有个栖身之地。但由于他生性慷慨，金钱总是很快就离他而去，可倘若用金钱交换到了自己真正想要的东西，这笔买卖对柴可夫斯基来说是值得的。

---

[1] Herman Laroche, 等. 柴可夫斯基其人其事[M]. 申元, 译. 台北：世界文物出版社, 1998：104.

故居内景

这样慷慨、率真的柴可夫斯基大概很难不让人喜欢。事实上，与他相处过的朋友、工作伙伴乃至孩子都对他的品行赞赏有加。钢琴家尼科拉耶夫说他待人接物毫无架子；在他的著名歌剧《马捷帕》中演唱玛利亚一角的玛利亚剧院女高音歌唱家巴普洛夫斯卡雅称赞他"为人厚道、心地善良、乐于助人，信守承诺，答应别人的事一定照办不误"；音乐评论家、莫斯科音乐学院教授、柴可夫斯基的挚友卡什金之女在幼时就觉得柴可夫斯基令人可亲，她曾在回忆录中说，他"喜爱孩子，和孩子关系特别好，认为对孩子讲话不应该故作姿态，而要态度自然，就像跟成年人讲话一样，孩子们因此也对他特别有亲切感"；著名小提琴家杜姆切夫回忆起 47 年前他在敖德萨举行音乐会与柴可夫斯基相见相识的场景时说，像柴可夫斯基如此可亲可敬的人是自己一生中难得见到的；美国指挥家、钢琴家达姆洛什为卡内基大厦落成举办音乐节，请他去纽约指挥作品时与他相识，说自己生平从来没有见过像柴可夫斯基那样谦逊又可亲的大作曲家，大家立刻喜欢上了他。

故居客厅

除了亲切、慷慨,柴可夫斯基的谦逊也是人尽皆知的。他喜爱文学,在好友眼中是一位称得上"有天赋"的文人,但他从不卖弄,50岁时还曾订阅国内外的许多文学杂志。据说,他的一副好嗓子只在莫斯科音乐学院的学生时期绽放过光彩,成名后他在关系极为亲密的亲朋好友面前才会开口歌唱。他十分自重,对一般人从来不会主动提起自己的文章,也并不询问周围的朋友们对自己作品的态度;他不喜欢他人的恭维,当有熟悉的朋友称赞他的乐曲时,他总是淡然处之。但当朋友是真正欣赏和喜欢他的作品时,他便会发自内心地高兴。他对那些批评的声音也相当宽容,不会为自己的作品作过多辩解,而是认真听取意见,虚心改正。当然,柴可夫斯基的身上也有艺术家的通病,那就是对报刊评论十分重视,一名文痞对他的敌视也能令他伤心。他自己承认有这种弱点并解释说,自己不是圣人,而是一名凡人。

真爱难寻

根据可靠的记载，柴可夫斯基的爱情世界里总共出现过3位举足轻重的女子。

1868年，意大利歌剧团到莫斯科进行表演，其中一位技艺精湛、歌喉迷人的花腔女高音阿尔朵凭借舞台上精彩的表现，深深地吸引了柴可夫斯基。他在给弟弟莫德斯特写信时说，自己不会再从其他任何一个歌星身上感受到如此强烈的魔力，他认为如果弟弟能看到她的风采、表情和高贵的气质，一定也会感到惊讶。

二人由此相识，意大利歌剧团在莫斯科演出期间他们经常见面，并且很快坠入了爱河，柴可夫斯基颇负盛名的钢琴曲《f小调浪漫曲》就是他写来送给恋人的礼物。他们相处融洽，很短的时间内已经到了谈婚论嫁的地步，当时的乐坛也盛传他们即将结婚的消息。但当他们把想要成婚的愿望告诉双方父母时，却遭到了一致的阻拦。阿尔朵的母亲极力反对二人的结合，而柴可夫斯基的父亲也对这门婚事表现出为难的态度。重重阻力使柴可夫斯基陷入了迷茫和思考，婚事就这样被搁置下来。意大利歌剧团展演结束离开俄国的两周后，华沙传来阿尔朵与歌剧团中西班牙籍男中音巴第拉结婚的消息。当时正投身于新歌剧创作的柴可夫斯基对这个消息并没有太大的反应，这也让众人对他和这段感情产生了疑惑。新的乐季开始，阿尔朵随剧团再次来到了莫斯科，当晚阿尔朵一登场，柴可夫斯基就举起了手中的望远镜，聚精会神地观看，一直到表演结束，在望远镜后面有两行热泪流下。柴可夫斯基一生中唯一一次恋爱就这样无疾而终了。

1877年5月，柴可夫斯基突然收到一封"表白信"，来信的人名叫蜜琳可娃，信中称自己曾是柴可夫斯基在莫斯科音乐学院执教时教过的学生，已经暗恋柴可夫斯基4年之久，她表示自己熟悉他的音乐，也希望成为一名优秀的音乐家。这封来信情感热烈，爱慕之情跃然纸上，让

故居内景

柴可夫斯基猝不及防，他礼貌地回信拒绝了蜜琳可娃。然而她并没有因此放弃，在第二次的来信中，不仅表达了自己的坚定，甚至以自杀要挟柴可夫斯基。这位天生善良、不愿意伤害别人的音乐家收到信后感到深深的惶恐与无措，以至于竟然在没有深思熟虑的情况下就草率地决定了自己的人生大事——与蜜琳可娃结婚。对于柴可夫斯基的朋友们来说，这门婚事一直是个谜，与他关系极为亲近的朋友也是在很久后才知道他已经结婚了。他婚后照常在音乐学院教课，但极少对同事们提及与这段婚姻相关的事情。其实早在婚后蜜月旅行的第一周，柴可夫斯基就发现了他们的不合，在日后的相处中更是矛盾不断。这位声称自己"已经爱他 4 年""会成为一名好音乐家"的妻子完全不理解他的音乐，只是一位碌碌无为的世俗妇女。感情上的失意使柴可夫斯基一度陷入精神衰弱的状态，甚至动过自杀的念头。这段唐突的婚姻只维持了 3 个月就潦草收尾，柴可夫斯基深感绝望，在此期间频繁地与梅克夫人书信来往。

梅克夫人是柴可夫斯基生命中一位极其重要的女人。这位比他年长 9 岁的铁路工程师的遗孀，在柴可夫斯基结婚之前就与他相识了。梅克夫人的丈夫事业有成、财运亨通，这在很大程度上都要归功于做事精明果敢的梅克夫人。丈夫死后，她继承了丰厚的遗产，经济实力雄厚。兴致高雅的富孀十分热爱音乐，曾先后资助过德彪西、尼古拉·鲁宾斯坦、柴可夫斯基在内的许多音乐家，为俄国甚至欧洲音乐艺术的发展起到了推动作用。正是她的慷慨资助，才使柴可夫斯基得以不被薪水问题烦恼，可以辞去莫斯科音乐学院教授的职务，把全部精力投入到音乐创作之中。可以说，没有她，就没有后来的柴可夫斯基。

荣誉

　　梅克夫人与柴可夫斯基的故事缘起于她偶然在朋友家听到柴可夫斯基的钢琴曲《暴风雨》。她第一次听到这支曲子便为之倾倒，毅然决定帮助这位受经济所迫的音乐天才。从1876年年底起，她开始陆陆续续地给柴可夫斯基写信，请他帮忙做几首曲子，且每次都薪酬不菲。长此以往，他们的书信日渐频繁，内容也从起初的单纯作曲不断拓展延伸开来，音乐、艺术、精神、理想、情感、人生等无所不谈。志趣相投的两人在信中互相倾诉、互相寄托，在通信的13年间，仅有据可考的信件就1200余封。令人惊奇的是，这期间他们从没有见过面，或许精神上的沟通已使灵魂孤独的两个人得到极大满足，他们之间至纯的柏拉图式爱情也在世界音乐史上被传为佳话。柴可夫斯基送给梅克夫人的第一首巨作，就是著名的《第四交响曲》，被梅克夫人称作"我们的交响曲"。这首交响曲以"命运"为母体，极具柴可夫斯基个人风格与特色。在莫斯科音乐协会的第十次演奏会上首演后，这支曲子走出国门，在国外成功展演，好评如潮，也因此奠定了他在国际乐坛的地位。

然而，美好的东西总是脆弱的。1890年9月的一天，柴可夫斯基收到梅克夫人的来信。当他兴致勃勃地打开信件时，却看到信中写道，她已经面临破产，今后恐怕不能再给柴可夫斯基资助了。这段珍贵的感情在这一刻土崩瓦解。实际上，柴可夫斯基当时作曲的收入已足够他维持不错的生活，只是梅克夫人信中的语气之冷漠令他匪夷所思，我们的音乐家将这封"断绝书"理解为梅克夫人已经厌倦了他的音乐，破产只是她用来抛弃他的理由罢了。事实并非如此。当时，梅克夫人确实正面临财产问题，并且已染上肺病，她的爱子也同时患上了不治之症，她把爱子的不幸归咎于自己频繁与柴可夫斯基通信而对孩子照顾不周，子女们似乎也并不支持她再继续资助柴可夫斯基了，最终他们断绝了联系。残酷的现实终使原本孤独的灵魂在短暂的快乐后重回孤独，这段感情的终结给晚年的柴可夫斯基带来了沉重的打击。直至去世前的弥留之际，他口中还呼唤着她的名字，而在柴可夫斯基去世两个月后，梅克夫人也随他而去了。

巨星陨落

1885年定居于克林小镇后，柴可夫斯基于5月开始谱写《第五交响曲》，由此揭开了他后期创作的序幕。这一时期是他创作的顶峰时期，作品多具有悲剧性。《第五交响曲》于1888年11月17日由柴可夫斯基亲自在圣彼得堡指挥首演，反映了沙皇专制统治下的知识分子矛盾不安的心境。这"表现生命、欢乐和幸福"的音乐令无数历经苦难的人们倍感亲切。当时他已是闻名世界的音乐大师，却仍对自己的作品感到不满。他对于新出炉的《第五交响曲》，照例又是一通抱怨："这部交响曲在圣彼得堡演奏了两次，在布拉格演奏一次，我的结论是：这部作品失败了，曲作中有些部分让人厌倦，对色彩的强调太过分，结构也比较空虚……"① 他虽这样说，这一时期创作的作品却比以往任何时候都要多。晚年的柴可夫斯基，就是在这样的状态下进行创作的。他常常利用散步时间进行构思，还会随身携带笔记本记录下自己的灵感。他在一封信中自我勉励，表示还要继续写下去，他说自己不能不写，只是不知道还有没有能力推陈出新。

身体状况不佳的他仍旧笔耕不辍，越是感到创作力衰退，越是拼命地作曲，《第五交响曲》的"命运"主题似乎正是他自己与命运抗争的写照。这期间柴可夫斯基的作品屡次在国内外演出，他自己也奔赴世界各地参与指挥，试图从紧张繁忙的工作中寻找慰藉。他所到之处总是崇拜者众多，迎接场面盛况空前，观众欢声雷动。在他生命最后的几年里，仍不断有钢琴小品、浪漫曲、小提琴曲问世。1888年，他写成了幻想曲《哈姆雷特》，紧接着又完成了芭蕾舞剧《睡美人》《胡桃夹子》和歌剧《黑桃皇后》的创作。1893年6月，他还荣获英国剑桥大学名誉博士学位。同年，《第六交响曲》完成。《第六交响曲》又名《悲怆交响曲》，是柴可夫斯基作品中最著名、最成功、最杰出的乐曲之一，是交响曲中的经典。柴可夫斯基认为它是自己所有作品中最出色的，而且是最真挚的。柴可夫斯基对《悲怆交响曲》的喜爱，胜过其他任何音乐作品。这部交响曲描绘了奋斗、爱情、兴奋甚至恐怖、绝望、失败、消逝等，充满了挣扎、追忆和悲恸的情绪，是作曲家一生的写照。著名指挥家叶甫根尼·斯维特兰诺夫说，《悲怆交响曲》就是柴科夫斯基的自传，这位伟大艺术家的作品，映射出了连他自己都没有意识到的东西。艺术家、钢琴家尼古拉·卢甘斯基评价他这一音乐作品时说，这其中展现了对幸福与欢乐的向往，但它们是转瞬即逝的，在幸福与欢乐的高潮中，一切终将走向毁灭与死亡。正如画家凡·高的遗言"悲伤将会永恒"，整部乐曲中充斥着"悲怆"色彩，或许这位音乐家在那时就已经预感到自己将不久于人世。

---

① 吕昕. 古典音乐巨匠[M]. 北京：西苑出版社，1999：55.

柴可夫斯基雕像

该曲于同年10月28日在圣彼得堡贵族俱乐部大厅首演。当柴可夫斯基登上乐池时，大厅里爆发出热烈的掌声与欢呼声，可他却敏感地察觉到演出时乐队的冷淡以及听众逐渐黯淡和失望的神色。演出结束后，他和弟弟于11月2日凌晨回到克林家中。他因消化不良而没有进食，午餐时接了一杯冷水喝下。弟弟莫德斯特后知后觉地大喊："那是生水，当心染上霍乱！"他却表现得并不在意。然而不幸真的发生了，柴可夫斯基因此染上霍乱，经抢救无效，于11月6日凌晨与世长辞。这位世界音乐大师在那个寒冷的冬天永远地离开了人间，他像一场暴风雪，让本就寒冷的俄国变得更为酷寒。一颗时代巨星陨落了。

著名指挥家、作曲家爱德华·纳帕拉夫尼克（柴可夫斯基的至交）之子符·艾·纳帕拉夫尼克在回忆起柴可夫斯基的离开时说，参加柴可夫斯基的葬礼人数之多，场面之激动人心，是他生平从来没有见过的。挚友卡什金说："他的故去大大改变了俄国音乐的局面：一位最强劲有力的、才华卓绝的活动家离开了俄国音乐代表者的行列，他对自己的事业无限忠诚，也是所有其他人的楷模。"[1] 柴可夫斯基去世一周后，他的《悲怆交响曲》重新在贵族俱乐部大厅奏响。当沉重的低音提琴声响起时，

---

[1] Herman Laroche, 等. 柴可夫斯基其人其事[M]. 申元, 译. 台北: 世界文物出版社, 1998: 133.

故居外景

所有听众都沉浸在无限的悲痛与哀思之中。他的一生,对音乐无比执着与热爱,为俄国这个冰雪国度贡献了无数闻名世界的音乐作品,他将俄国的民族音乐推向了高峰,还为俄国乃至世界艺术领域培养了新的人才。伟大的音乐家离开了我们,而他的无限魅力却长存于人世。在百年后的今天,我们仍能听到他的音乐在世界的各个角落奏响,他的生命早已永垂不朽。

(撰稿:于俪婧)

参考文献

Arnold Alshvange. 柴可夫斯基（上）[M]. 高士彦，译. 台北：世界文物出版社，1995.

Arnold Alshvange. 柴可夫斯基（下）[M]. 高士彦，译. 台北：世界文物出版社，1995.

波文，梅克. 我的音乐生活：柴可夫斯基与梅克夫人通信集[M]. 陈原，译. 北京：生活·读书·新知三联书店，1988.

柴可夫斯基. 柴可夫斯基书信选[M]. 高士彦，译. 北京：人民音乐出版社，2000.

Herman Laroche，等. 柴可夫斯基其人其事[M]. 申元，译. 台北：世界文物出版社，1998.

吕昕. 古典音乐巨匠[M]. 北京：西苑出版社，1999.

邵义强. 悲怆音乐家柴高夫斯基[M]. 北京：东方出版社，1973.

沈希飞. 柴可夫斯基的人生与创作[M]. 广州：中山大学出版社，2016.

亚伯拉罕. 柴可夫斯基传[M]. 孟一凡，译. 天津：天津人民出版社，1982.

张红霞. 柴可夫斯基评传[M]. 苏州：苏州大学出版社，2009.

罗 丹

  静谧的塞纳河蜿蜒流淌，将法国巴黎分为左、右两岸，在一个世纪的沧桑变化中，不变的是这里散发出来的浓厚的艺术气息。著名雕塑家罗丹的故居无疑是巴黎郊区最令人神往的去处之一。这里环境优美，幽雅恬静，置身于此，人的内心会变得沉静起来，或许这也是罗丹当年定居此地的缘由吧。从故居庭院大门进入后，首先映入眼帘的是一座造型精美的花园，充满了浪漫典雅的法式风情。花园中间有一条通往故居的大道，大道两边树木葱茏。花园中散置着《思想者》《雨果》《岩石上的夏娃》等罗丹各时期的作品，向游人诉说着艺术家曾经的辉煌。进入建筑内部，最引人注目的是餐厅。餐桌上放着罗丹的雕塑，据说罗丹喜欢把自己的作品放在餐桌上，一边吃饭一边欣赏。拾级而上，是罗丹的卧室，内部整体风格朴素无华。再往里走是罗丹的工作室，工作室外面是一面玻璃墙，抬眼便能看到外面的景色。在工作室向远处眺望，依稀可见一座美丽的 18 世纪别墅，与此处相映成趣。

  罗丹生命的最后 9 年，都是在此度过的。晚年的他虽极负盛名，但依然积极地从事艺术创作，并获得了许多荣誉。后来政府下令收回罗丹的住处另作他用，这时候，罗丹还有一桩心事未了，他希望以自己的名字创立一所博物馆，并且希望自己的余生能够定居此地，便向政府提出了捐献自己作品的提议。在友人克列孟梭、罗曼·罗兰、德彪西、莫奈等人的联名请愿下，1912年内阁会议通过提议，允许罗丹终身居住在此地。[①] 罗丹共计捐献青铜、大理石作品各56件，石膏作品193件，泥塑100件，草稿和素描2000多件，另有他收藏的作品多幅。

在罗丹去世后，法国政府将这栋公寓改为罗丹美术馆。1919年，罗丹美术馆开始对公众开放，并成为一处历史遗产圣地。罗丹毕其一生，成功地脱离学院派的桎梏，形成了充满时代感的现代主义创作方法，直至今日，这些创作方法仍然有着极强的生命力。他为人类创造了大量的艺术财富，最终成为继菲狄亚斯、米开朗基罗之后欧洲雕塑史上第三座高峰。在这个地方，罗丹留下的不仅仅是他悉心雕琢的无数作品，还有他缄默而固执的创造精神，与这花园、河流、山丘共存的是罗丹伟大的艺术思想。

求学之艰

1840年11月12日，奥古斯特·罗丹诞生在法国巴黎一套破旧不堪的房屋里。他的父亲是一名警务部门的公务员，母亲是一位平民妇女。夫妻二人虽家境贫寒，但依然为这个婴儿的出生感到兴奋，并希望他可以成为一名有文化的高级警官，以后可以过上优渥的生活。但事与愿违，小罗丹似乎对其他事情都不感兴趣，唯独喜欢画画。他常常在妈妈买食物后剩下的包装纸上随性地画画。妈妈发觉后便将包装纸藏起来，但小罗丹还是能想办法找其他东西来画画。罗丹的父亲对此非常恼火，

[①] 参见华语. 罗丹画传[M]. 北京：华夏出版社，2010：113.

罗丹故居（法国巴黎）

他不希望儿子向艺术这个方向发展，他深知巴黎从来不缺少画家，而且很少有画家能过上相对殷实的日子，他依然一门心思地想让儿子学好功课。

罗丹温柔的姐姐玛丽却很支持他画画，玛丽向父亲提议送罗丹去工艺美术学校学习。失望又无奈的父亲不得不同意把他送到巴黎工艺美术学校，学习装帧艺术和制图。在这里，罗丹遇到了令他终生敬仰的启蒙老师荷拉斯·勒考克。当时，勒考克只是一名普通的美术教员，他十分讨厌自身所处的美术学校。这是因为当时的艺术院校受到政府的控制，只有通过政府官员评选的画作才能得以展出。在这样的管控下，美术院校只得沿袭古典主义的路子，不允许创新。勒考克反对这样的做法，他遵从真实的艺术感觉进行创作，而不按照学院派的教条去循规蹈矩。初次见面时，勒考克就告诫罗丹，在这所学校有两种学生：一种是制图员，他们要画直线，虽然自然界没有直线，他们通常的结局便是临摹古典名作；另一种是能够通过自己的眼睛去观察事物的人，这种尤为难得。勒考克自然希望罗丹能成为后者。也许正是这样的教导影响了罗丹的一生。此后，罗丹的学习生活按部就班地开始了：上午在工艺美术学校上课，下午同其他人到卢浮宫临摹大师的名画，每周有两晚进行人体写生。

人生充满了不确定性，罗丹刚刚在绘画世界里感受到乐趣，就因为没有资金购买油画颜料而陷入进退维谷的境地。他尝试着用别人剩下的颜料，可是常用的颜料往往都被用得一干二净。罗丹感到深深的绝望，此时的他想到了退学。勒考克不愿失去这个难得的好苗子，他想到一个办法，就是让罗丹放弃绘画去学习雕塑。罗丹一进入雕塑室，就被眼前的场景吸引了，这里摆放着许许多多线条优美的著名雕像的复制品、一堆堆黏土和一块块大理石。他的内心燃烧起喜悦兴奋的火苗。从此，他立志要成为一名雕塑家。

在当时，艺术界等级极其森严，像罗丹这样的初出茅庐者只有考上美术学院才有可能跻身更高的艺术圈，因而，罗丹将考入巴黎美术学院作为自己的下阶段目标。在三年的学习生活里，他每日披星戴月，天还未亮，就已经在勒考克的工作室里雕塑人像、临摹雕像，中午又匆匆忙忙前往卢浮宫从大师们那里汲取养分，傍晚时分又从卢浮宫赶往路程遥远的哥白林纺织中心上设计课，晚上又返回学校上写生课，或去巴里老师那里学习解剖课。除了美术方面的学习，罗丹也抽出时间积极地汲取文化方面的养分，以追求更为全面的发展。他在图书馆广泛涉猎，尤其是阅读了许多文学名作，他把雨果和巴尔扎克两位文学大师认定为灵魂上的知己。就这样日复一日地，罗丹每天学习的时间差不多能有18个小时，他就像一头不知疲倦的骆驼在学习之漠里踽踽而行。正如他自己所说："那几年，我熟悉巴黎的许多地方就像熟悉自己的手一样。"无论是物质上的匮乏，还是时间上的紧张，对他来说都不是问题，只要能朝着既定的理想全力奋进，他都乐在其中。

1857年，此时的罗丹已经为考美术学院准备了三年时间，他鼓足勇气决定放手一搏。考试中有一项是面呈自己准备好的雕塑作品。往常帮忙做模特的姐姐忙于与男友约会，罗丹四下找不到合适的模特人选，只好苦苦请求父亲做自己的头像模特。这个一向反对罗丹学习艺术的父亲如今看到儿子为了雕塑如此虔诚而刻苦，不禁为之动容，于是就答应了儿子的这一请求。当注意到儿子在雕塑过程中一丝不苟的神情时，他这才意识到罗丹对艺术仿佛有一种天生的痴迷，不禁惊叹于艺术的魔力。当头像渐渐成形的时候，父亲已经喜欢上了这个还未完成的雕塑作品，他非常满意罗丹雕刻出的自己的神态气质。从此以后，父亲转变了对儿子的看法，逐渐接受了儿子的艺术追求。

然而当勒考克和曼德隆老师看到这件作品时，他们的反应却是异常冷漠，他们意识到罗丹已经被美术学院推崇的古希腊风格所影响，他完成的作品不过是蹩脚的复制。尽管如此，面呈作品在即，曼德隆老师没有办法，还是向美术学院推荐了这名学生。在他看来，这件作品虽然没有生机，但好在还有精良的技艺。但是连续三年，罗丹都落选了。不是因为罗丹的水平太低，而是因为美术学院的老师们都视勒考克为不遵循古典主义的"异教徒"，如果接纳了罗丹，那不就意味着接纳了勒考克的观念吗？

连续三次的落败使罗丹备受打击，他开始怀疑自己的选择是否正确。他觉得如果自己不能进入美术学院学习，那还不如听从父亲当初的劝告，老老实实学点营生的手艺。勒考克并没有像罗丹一样沮丧，只是担心罗丹这样优秀的学生就此半途而废，于是将罗丹介绍到名叫克律歇的装帧师那里学习美化建筑的技艺，也能赚点生活费。这也算是没有浪费罗丹的艺术才能。罗丹一边学习装帧，一边还心中挂念着雕刻，他毕竟为此付出了这么多心血，实在是难以割舍。于是他每逢有空闲的时候就去学习勒考克和巴里的课程，回到家中也会抽出休息时间练习雕刻。正是他的这份执着和坚韧的精神才使得日后的他得以在雕塑艺术上登峰造极。

忠于自然

罗丹的艺术生涯虽然遭受了重创，但好在还有勒考克老师的鼓励，因此罗丹并没有放弃希望。但接下来发生的事情对罗丹来说着实是一个

地狱之门

天大的打击。姐姐玛丽的男朋友巴努万结婚了,但巴努万结婚的对象并不是玛丽,而是一名从未听闻过的富有的女子。玛丽因为不堪精神上的打击,最终抑郁而死。这对罗丹来说简直就是个晴天霹雳!姐姐是罗丹最为尊敬的亲人,从最初姐姐就支持他学习美术,并为他打工赚学费,罗丹对姐姐怀有深厚的感情。

罗丹无法继续待在家中,因为那里处处都有姐姐玛丽的身影。1862年的一个阴雨天里,几近崩溃的他选择去修道院过修道士的生活。神父艾玛得知他是一位学习雕塑的学生,不免为他感到可惜:"一个人不应该把出家看成是逃避现实,而应当看作是履行职责。"艾玛劝导他:"如果上帝赐予一个人艺术才能,他就不能草率地将它抛弃。"一切正如艾玛神父所言,罗丹虽每日修行以减少内心的苦痛感,但依然无法完全摆脱对雕塑创作的强烈欲望。他极力克制自己,但越是克制他越感到煎熬。神父拿出自己珍藏的但丁的《神曲》,给罗丹看上面居斯塔夫·多雷的版画,并给予罗丹纸和笔,好让罗丹有灵感的时候方便作画。果然,罗丹一拿起笔就思如泉涌。艾玛神父看到这种情景,感到非常欣慰,这块玉石还是没有失掉光泽!从此以后,艾玛有意无意地让罗丹去花园里

傲然挺立的故居

干活，在那里他可以接近泥土，亲近自然。

罗丹感激神父对自己的鼓舞，他恳请神父为他做一回模特，他要为神父做一个雕塑。这一次，他想到当初一味追求古希腊传统而使老师失望的情形，于是抛开那些条条框框，完全遵从自己的内心所想进行雕刻。他没有刻意美化神父，而是力求最大限度地还原出神父的样貌和气质。雕塑的形象就像神父本人一样瘦弱，额头高而宽，神情坚定而又仁慈，给人以睿智深沉之感。雕塑完成后，他第一次在雕塑底座上刻上了自己的名字。《艾玛神父胸像》是他第一件展现出自己的创作个性的作品。艾玛神父这样评价道："你的雕像使我明确我相貌平庸，这能令我免却自负；但是它又是富于情感和生气的，令我欣慰于我真实的存在。"欣赏完这尊塑像，神父更坚定了劝罗丹离开修道院重新返回雕塑之路的决心。他语重心长地说，在这里只是徒然浪费光阴，不如走向更广阔的天地。

一年的修道院生活还是画上了句点。这段时光虽然在罗丹璀璨一生里显得平凡甚至黯淡，但培养了罗丹的宗教情操，使他在以后创作中更具有一种悲剧内省的意识和一种对宗教与人生的严肃感。

从修道院出来，罗丹第一时间想到的不是父母，而是曾发掘他这块雕塑璞玉的勒考克老师。他站在老师教室的门外，迟迟不敢进去，因为一年前的他是那样毅然决然地放弃了雕塑梦想。勒考克老师恰巧无意间朝外边一瞥，看到了昔日最得意的学生，他也明白此时罗丹复杂的心情，罗丹经历了这些波折，勒考克内心也替罗丹难过惋惜。师生之间很快消除了过去的芥蒂，勒考克老师把雕塑工作室的钥匙送给罗丹，这样，罗丹便可以去那里练习雕塑的技能。时年23岁的罗丹失去了最为挚爱的姐姐，他开始认识到自己要承担起家庭的重担，他先是找了一份兼职，同时也决定要坚定不移地在雕塑这个行当里打拼出一片属于自己的天地。

闲暇时间，罗丹最乐于去盖尔波瓦咖啡馆，在那里他能感觉到自己是个艺术家。这家咖啡馆里聚集了众多尚未成名的艺术家，他们在这里畅快地谈论艺术，针砭时弊。这些人当中，有拉图尔、德加、马奈以及雷诺阿等后来闻名于世的印象派画家。19世纪60年代，这些印象派画家因为不满足于传统的绘画方法，一反过去的"酱油调子"色调，而倾向于根据画家对大自然的真实印象作画，所以其画作能表现出自然界瞬息万变和色彩斑斓的特征。其中颇有代表性的一位画家是马奈，他较早地运用了自然界留存在印象中的丰富色彩。他的代表作是《草地上的午餐》，画的是一名裸体的女子坐在两位衣着考究的青年身边，他们在户外的草地上野餐。这一大胆的题材遭到了时人一连串的嘲笑和谩骂。而这些艺术家却纷纷流露出对他的不落窠臼的想法的欣赏。可想而知，这些突破常规的艺术家很难被当时主流的艺术家所认同，他们的画作长年无人问津，因而处在社会的边缘地带。

虽然如此，这些打破常规的艺术家仍坚持不向顽固的古典主义流派低头。他们决定举办一次展览会，让更多的人看到他们的作品，或许会有人能懂得他们真正的价值。获得新上任的拿破仑三世的批准后，一场别开生面的"落选画家展览会"就在众人的议论声中开始了。罗丹兴致勃勃地参与其中。起初，他想要迎合追求时髦的巴黎人的品味选一位美貌的人做自己的雕塑模特，但是他摸了一下口袋，彼时的他简直穷得叮当响，他为此非常苦恼。思来想去，他只能请经常在他家附近出现的流浪汉毕比来做模特，只需给毕比几口汤或酒水便足矣。临近展览会交稿之日，罗丹对自己业已完成的作品感到不满，不得已只能放弃参加展览。经过一段时间的琢磨，他发觉自己始终没能把毕比身上最突出的亡命之徒的特质表现出来，他一气之下把头像的面部捣毁，重新进行雕刻。

几个月后，这尊《塌鼻人》终于完成了。它的额头宽大，头发稀疏，眼睛松弛肿胀，显得悲伤落魄，胡子乱蓬蓬的，几乎没有鼻梁的鼻子特别引人注目。它没有罗马式棱角分明的线条，也没有希腊式圆润流畅的线条，如果用常人的眼光来打量它，只能用一个"丑"字来概括它给人的第一印象。果然，1864年，当罗丹把这尊雕塑呈交当时主流的美术沙龙时，因为它丑陋怪诞的造型而被果断地拒之门外。但勒考克老师却不以为意，反而为罗丹感到欣喜："你确实完全摆脱了学院派的影响！"在这幅作品中，已经能明显地体现出他忠于自我、忠于自然的美学思想了。当你看到《塌鼻人》的时候，纵然是初次见到，但似

美轮美奂的故居外景

乎也会觉得熟悉,好像曾经与这样长相的流浪汉在某处擦肩而过,那是因为罗丹用心捕捉到了流浪汉特有的亡命徒的神情,而这种神情想必也存在于其他的流浪汉身上。

这尊雕塑无疑是丑陋的,但是它是具有个性的。唯有有个性的艺术品才是"美"的,而那些墨守成规的艺术品充其量只不过是流水线上的产品。自此以后,罗丹忠于自我、忠于自然的美学思想逐步走向成熟并一以贯之,使他一步步走向雕塑艺术的巅峰。

与爱相逢

一个明媚的春日早晨,罗丹正在为一家剧院进行雕刻门楣等装帧工作,一个从此处经过的年轻姑娘一下子吸引住了他的目光。这位姑娘身穿深蓝色的工装服,一看便知是一名女工。虽然她的出身平凡,但是气质却格外出众,只见她昂首挺胸,神采奕奕,散发出无与伦比的美感。罗丹当即停下手里的工作,上前向年轻姑娘介绍自己。这个姑娘就是以后陪伴罗丹走过漫长人生旅途的爱人,也是他最忠实的模特——露丝·贝莉。

罗丹想为露丝建造一套属于他们两人的房子,无奈经济拮据,只得在勒希伦大街租了一间旧马厩,稍事整饬,却也显得整洁、温馨。不久,罗丹和露丝迎来了他们的爱情结晶——一个男婴呱呱坠地了。虽然罗丹也有多数艺术家那种不愿被家庭束缚的心理,但是面对这个纯真可爱的新生儿,他只好接受了这个既成的事实。

热恋的激情迅速化为了罗丹艺术创作的灵感源泉,他迫不及待地要为露丝塑一尊雕像,用自己天才的双手刻印爱人美丽的模样。经过日复一日地悉心雕琢,他终于在几个月后完成了《露丝·贝莉》。雕像中的露丝长发微卷垂坠胸前,一双深邃的眼眸显得妩媚深情。整个雕塑线条流畅,起伏有致,动人极了。罗丹再一次将自己的感悟融进了雕刻的人像中,这样的作品就像一首柔美的乐曲,没有庞杂突兀的急转,给人以美的享受。

青铜作品《娇美的少女头像》是以露丝为模特的颇具代表性的胸像，它丰神俊美，表现出露丝少女时期娇俏迷人的模样。《女祭司》亦是罗丹为露丝雕塑的人像，与以往不同之处在于这是他的第一尊裸体人像作品，而且在雕塑这尊雕像时，他一心想要超越传世名作《米洛斯的维纳斯》，因而他在此作品中倾注了无数的心血。《女祭司》较之以往的作品技法更加成熟，他把对露丝的满腔爱意倾泻在了每一处线条的创作上，整体造型突显了露丝优雅美丽、端庄大方的体态，这正是罗丹心目中女神的样子。不过，在一次搬家途中，《女祭司》不慎从罗丹的手臂中滑落在地，摔得粉碎，这实在是令人扼腕的一次意外。此外，还有许多以露丝为原型的雕塑作品，它们都是罗丹雕塑艺术不同发展阶段的印记。

罗丹夫妇二人居住的地方也是他工作的地方。这间屋子空间狭窄，潮湿晦暗，每每有客人前来总会嫌弃这间工作室的环境。于是他努力工作，凭借他的勤奋总算是换到了一间稍微宽敞明亮点的工作室。没钱搬家的他只能请来他的落魄艺术家朋友们做他的搬运工。在这间新的工作室里，罗丹接到了愈来愈多的订单，他开始被更多的人所了解。他的雕塑事业开始慢慢地向着更光明的道路行进了。

走向鼎盛

1870 年，普法战争爆发，罗丹应征参加了国民自卫队。待到他退伍回到家中，他的家庭已经和他入伍前大不一样。他的父亲因视力恶化，行走困难，生活不能自理；母亲患上天花，卧床不起。为了尽快解决父母和妻儿的生活困难，罗丹毅然离开家去找工作。他来到布鲁塞尔的卡里埃·贝勒斯的工作室做助手。贝勒斯经常会为了快速获取资金而让助手复制贝勒斯的作品以便完成订单，对此罗丹并没有怨言，因为贝勒斯付给他的报酬比其他地方要丰厚一些。

1871 年 3 月，巴黎公社成立，浩浩荡荡的人民奋起反抗当权者，整座巴黎城被空前的战火洗劫，哀鸿遍野。罗丹在巴黎的家人也受到波

曲径通幽

及。听到这一消息的罗丹，心中慌乱不已，为了改善家庭的经济状况，他把自己做完的雕塑刻上贝勒斯的名字偷偷卖掉，因为贝勒斯的名字在当时可比罗丹的名字响亮得多。这很难不被发现，解雇也是自然而然的事情。恰在此时，罗丹在贝勒斯工作室的同事范·拉斯布尔找到了他，提议二人一起做雕塑生意，罗丹负责雕塑，范·拉斯布尔负责销售。罗丹就像找到了救命稻草一样，他变得比以往更加努力工作了。罗丹将之前的《塌鼻人》交给布鲁塞尔艺术沙龙。这次虽身处异地他乡，但他的作品终于得到了主流人士的认可，即便没能得到充分的重视，这也能使他精神上获得一丝慰藉。虽然罗丹开始陆续接到订单，生活变得越来越宽裕了，但他的母亲还是在贫病交加中溘然离世。

母亲离世的痛苦笼罩着罗丹，内心无法平静的他为了汲取更多的创作灵感，只身前往各个充满艺术氛围的国度。在荷兰首都阿姆斯特丹的国家博物馆，他朝拜了崇拜已久的艺术大师——伦勃朗。这里有许多他在卢浮宫未曾见到过的伦勃朗的原作，其作品富于立体感，光线、阴影、颜色及结构的协调，都使得画中人物的形象更加凸显，充满生命力，艺

艺术世界

术家深刻的洞察力可见一斑。这些创作技法都深深地影响了罗丹的艺术创作。在意大利的佛罗伦萨，米开朗基罗的作品也带给他极大的震撼，其作品往往灌注了丰沛的激情，具有神圣的悲剧力量。罗丹从伦勃朗和米开朗基罗的作品中汲取了先师们的精神力量和艺术技巧，他内心迫不及待地想要投入到无限的创作中去。

从意大利回到布鲁塞尔以后，罗丹进入全新的充满激情的创作时期。他请来一位当时在比利时服役的士兵奈伊做模特，历经18个月，雕塑出一尊类似米开朗基罗《大卫》那样的大型人体雕塑作品，但风格却迥然不同。这尊雕塑不似《大卫》彰显英雄气概，它的形象是一个睡眼惺忪的青年，大小像真人一般，头部微扬，双臂上举，右腿微屈，有将要迈向外部世界之势，却也有几分彷徨之态。它反映着人类踏上征途前的心态。在范·拉斯布尔的提议下，这件作品被命名为《青铜时代》，寓意着人类从原始社会进入文明时代的觉醒时期。

《青铜时代》获得了布鲁塞尔沙龙的认可，却不曾想因为它太过真实而被质疑是由真人浇铸模子而成，一时间非议迭起。这一事件使踌躇满志的罗丹一下子又陷入迷茫之中。范·拉斯布尔劝他返回家乡巴黎，或许在巴黎罗丹可以得到更多的赏识。

1877年秋天，罗丹怀着自己的作品能够被家乡人民接受的想法，回到了阔别6年的巴黎，心情异常激动。可是，《青铜时代》在巴黎还是遭到了同样的非议，并且流言更加猖獗。许多人闻讯特地赶来，看看这尊"由真人塑成"的雕塑。罗丹被诬陷为"骗子"，他失望又气愤，情绪几度处于崩溃的边缘。一些艺术界的朋友勇敢地站出来力挺罗丹，他们提议官方重新审视罗丹的作品。美术学院派出五名专家组成评委会，他们要求罗丹即兴雕刻一尊作品，只有真实程度与《青铜时代》相同，才能为自己正名。罗丹一点儿也没有畏怯，反而将自己的平日积累全部爆发，他苦心学习到的雕刻技艺和解剖知识全部得以应用。结合日常对模特的仔细观察，他一气呵成地完成了一尊人像，并将其命名为《行走的人》。这虽然是他的第一次即兴创作，没有任何模特可以参考，但是却将罗丹的艺术素养展现得淋漓尽致。它是一个没有头颅和双臂的人像，躯干和双腿是一个人在行走的状态，双腿迈开一个较大的步伐，仿佛有明确的目的地，毫不犹豫，勇往直前。这尊雕像将一名健壮的男性在行走过程中的肌肉紧绷的状态表现得恰到好处。它那种勇往直前的气概代表了人们无可阻拦的前进的决心和力量，也暗含着罗丹不肯认输、努力证明自己的坚定信心。这件作品的完成，意味着罗丹以无声的语言击败了那些流言。他迅速得到了艺术界官方的认可。《青铜时代》得以在1880年为艺术沙龙所接纳，并对公众展出。

同年，继《青铜时代》后的立像《施洗者约翰》亦是罗丹青年时期的代表作，它为罗丹带来了人生中的第一次主流比赛的荣誉。《施洗者约翰》以《圣经》中耶稣十二门徒之一的约翰为原型，罗丹要求模特佩皮诺裸身在工作室不停地走动，以此捕捉合适的姿态，这常常令佩皮诺感到筋疲力尽。罗丹只好予以鼓励："你会成为一件不朽的杰作的，我们都需要耐心。"就这样日复一日，历时一年后，《施洗者约翰》最终完成。佩皮诺见到成品后，叹服于罗丹完美的艺术化表现。像《青铜时代》那样,《施洗者约翰》也展现了生命的运动,它迈着大步,似具有强烈的信念感;但又有所不同,它高昂着头,张着嘴,神情悲壮,显得庄严肃穆。这件作品已然开始体现出罗丹中年时期作品中浓重的宗教感和悲剧感。《施洗者约翰》在沙龙展出中获得了公众的莫大肯定,并荣获了雕塑奖第三名。

这以后,罗丹声名远播。政府邀请他为拟建的装饰美术博物馆大门做雕塑,自选创作题材。罗丹反复思量,

寄语未来

选取了但丁《神曲》中的《地狱篇》作为蓝本,打算建造一座《地狱之门》。政府部门特意为他在大学街建造了一间工作室。坚持自己风格、敢于向世俗挑战的罗丹终于迎来了艺术生涯的鼎盛时期,成为法国最有影响力的艺术家。

1884年,在潜心雕刻《地狱之门》时,罗丹收到加莱市政当局的委托,为加莱义民创作纪念性群雕。加莱义民的由来可以追溯至1347年英法百年战争期间,在加莱发生的一段可歌可泣的事迹。英王爱德华三世围城,加莱城的人民坚持了一年之久,到了弹尽粮绝的地步,英军试图借机剿灭。经过谈判,双方终于言和,但英方提出一个条件,要求从加莱市民中选取出六名市民作为人质,像死囚罪犯一样光头、赤足、颈套绳索、手握城门的钥匙,然后任由他们处死。加莱城人心惶惶之际,六位英勇无畏的市民挺身而出,决心自愿受刑。原本加莱市政当局只请罗丹制作六义士之一的德·圣比埃尔烈士像,但认真研读了这段历史后,罗

丹对六位义士舍己为人的献身精神钦佩不已，虽然最终只能收到一尊雕像的酬劳，他还是决定还原历史，塑造出六位义士慷慨就义的场景。就此，不得不说他是一位真正的艺术家，金钱不能阻挠他对崇高精神和职业道德的坚守。

1886年，《加莱义民》群像完成，他没有遵循学院派对英雄塑像的神化表现，而是在阅读了大量的文献资料后尽量地忠于史实：六位义士衣衫褴褛，形容憔悴，悲痛地赴难。它是六位义士历史壮举的复活。但加莱市政府认为这不符合传统英雄纪念碑的审美标准，希望罗丹再做修改，罗丹果断地拒绝了，他不愿为了迎合大众的审美而改变历史的真相。再加上资金不足的原因，罗丹辛苦创作的石膏群像直到10年后的1895年，才在加莱市的里席尔广场揭幕。今天，《加莱义民》成为法兰西精神的不朽丰碑，在现实主义艺术史上也早已取得不可动摇的地位。坚持艺术品格的艺术家终究会得到公正的评判。

盛赞女性

罗丹酷爱雕塑人体，对他来说，人体是富有情感的。正如他所说："人类的身体是会动的世界，那就是生命。"[①]事实亦是如此，雕塑中的肌肉线条足以反映人的内心变化。不同姿势下的手臂、双腿、躯干，不同情感状态中的眼睛、嘴唇甚至头发，都可以表达人的喜怒哀乐。用罗丹的话来说，它们都是人类灵魂的镜子。罗丹雇用了许多模特，请他们在工作室自由活动，以把握人体在运动中的种种景象。

作为一个雕塑家，罗丹更热衷于欣赏和展现女性之美。描写女体的传统由来已久，其中尤以维纳斯和夏娃最为典型。罗丹在创作雕塑《地狱之门》时选择了夏娃作为其中一尊人像的原型，这也是他对传统题材

---

① 汤俏. 罗丹的激情与苦涩[M]. 北京：东方出版社，2009：182.

创新求变的挑战。夏娃源自基督教教义,她带有原罪,被驱逐出伊甸园,她的躯体将要受难。罗丹选了一个怀了孕的女性作为模特。罗丹的《夏娃》虽然没有年轻女性光洁柔美的线条,却有成熟女性独特的美,虽然注定会走向艰难险阻,但还是会坚定地保卫自己腹中的新生儿,步履铿锵,坚强无畏。

罗丹不仅对美的女性充满雕塑的兴致,塑造出《纳达依德》《吻》《永恒的春天》等一系列雕像,还一反常人的审美观,雕塑了一些又老又丑的女性形象,这是因为他认为有独特性的、真实的艺术品就是美的。法国象征派诗歌先驱波德莱尔热衷于描写肮脏丑陋的东西,他的《恶之花》散发着无穷的魅力。他作品中病态的美感颠覆了传统的审美观念,是现代主义审美的滥觞,启发了罗丹的艺术思想。罗丹这类的塑像有《老婢妓》等。老婢妓这个女性曾经也拥有青春与美貌,然而多年以后,她的肌肤松弛干瘪,身形佝偻,满面憔悴,回想旧时的风华不免流露出悲伤的神色。这尊作品展现出的孤独和悲哀给人以沉思的力量,具有深刻的悲剧性。可见,"艺术的美在于性格、在于力量"①。

1883年,罗丹遇到了人生旅途中的第二个恋人——卡蜜儿·克洛岱尔。当年43岁的罗丹,处在事业蓬勃发展的阶段,而卡蜜儿只有19岁,是一名雕塑专科学院的学生。在这所学院执教时,罗丹只是无奈地微笑,只因处处是一些平淡无奇之作。猛然间,他瞥见一座尚未完成的局部人像,它是具备灵魂的天才的艺术品。见到它的作者时,罗丹大吃一惊,不曾想它竟出自一位秀美的年轻女孩之手。彼时的罗丹身边环绕聚集了众多的仰慕者,有"现代舞之母"之称的邓肯千里迢迢前来为他献舞,优雅动人的舒瓦瑟公爵夫人心甘情愿地追捧他,但她们终究不过是一名风流才子情场中的匆匆过客,而卡蜜儿却引得罗丹迅速地坠入爱河。于罗丹而言,她仿佛是一颗璀璨夺目的明珠,周身洋溢着不同凡俗的华

---

① 金燕. 罗丹[M]. 海口:海南出版社,1997:30.

光明在前

彩。罗丹的倾慕，使卡蜜儿逐渐滋生对罗丹的依恋情愫，最终不顾一切地爱上了他。

灵感是艺术创作最重要的元素，而卡蜜儿正是罗丹灵感的源泉，在狂热的爱情中，罗丹的创作也达到了一个全新的巅峰。罗丹的不朽之作《丹纳德》，以卡蜜儿为原型，由白色大理石塑成，它背部前倾，浪花般的长发垂坠下来，将卡蜜儿的灵性与柔美淋漓再现。《吻》《朝》《永恒的春天》《诗人和女神》《山林女神的游戏》等艺术珍品都是两人炽热爱情的结晶和"见证者"。卡蜜儿作为一个天才的雕塑家，这一时期也佳作频出，如《心灵之爱》《闭目的年轻女性》《男人及他的思想》等。

卡蜜儿曾痛彻心扉地抱怨："他们不肯原谅我这么有才华！"[1]从学生到模特，从模特到情人，卡蜜儿热烈而忧伤地追随着罗丹，一晃15年过去。在卡蜜儿心中，雕塑就是她的生命，她不容许别的事情成为追求雕塑艺术的羁绊，她展露出越来越高超的艺术才能。最终，他们成了彼此最大的竞争对手。而且罗丹永远不可能忘记露丝对他的无私奉献，她默默一生，倾其所有，是罗丹无论如何也不能离开的女人。在罗丹身边，卡蜜儿永远是见不得光的情人，她终究无法获得一份完整的爱情，

---

[1] 汤俏. 罗丹的激情与苦涩[M]. 北京：东方出版社，2009：204.

在这场爱情里她彻彻底底地输了。1898 年，痛苦的卡蜜儿在巴黎的一条陋巷租了一间屋子，开始了独立的创作生涯。1905 年，孤寂、忧郁的卡蜜儿患上了妄想症，被送入疯人院，直至去世她都活在冰冷无助的情感世界里。才华卓绝的她最终落得这样的下场，怎能不令人扼腕……

声名鹊起

自 1880 年《青铜时代》后，罗丹已成为雕塑艺术界炙手可热的新星，各界名流纷纷造访并请罗丹为之塑像。

1789 年法国爆发资产阶级革命，摧毁了封建王朝的专制统治，开拓了资本主义发展的道路，也为文学艺术界吹入了一股新风。法国的文学艺术开始摆脱古典主义的束缚步入浪漫主义时期。1824 年，以维克多·雨果为代表的积极的浪漫主义者开始彰显他们的力量。漫漫 19 世纪，雨果的个人命运同时代命运相互交织，他不仅是一位伟大的诗人、剧作家、小说家，还是一位政界的英雄。他可谓是反对第二帝国的精神领袖，是共和体制活的象征。

1883 年，年已八旬的雨果已临近坎坷一生的终点。雨果的好友、诗人兼文艺批评家马拉美将罗丹引荐给了雨果。初见雨果，罗丹便立刻被雨果充满沧桑感的面庞所吸引，按捺不住为雨果塑像的创作冲动。罗丹在雨果寓所的阳台支起了雕塑工作台，

《思想者》

方便他随时观察雨果的形象。他往返于阳台和客厅之间，多数时间只能通过观察捕捉雨果的特征然后依靠印象进行雕刻。罗丹凭借着自己敏锐的观察、不懈的坚持，终于如愿以偿地完成了雨果的雕塑作品。完成后，他在《雨果头像》底部刻上"献给杰出的大师，1883"。如果说《雨果》系列的雕像收获了圆满的结局，那么罗丹接下来的作品《巴尔扎克》却引起了一场轩然大波。

巴尔扎克是 19 世纪法国伟大的批判现实主义作家，穷其一生描绘了资本主义上升期的社会历史画卷，总名为《人间喜剧》，作品享誉世界。他笔下的世界，正是罗丹年幼时所经历的熟悉的世界，罗丹对巴尔扎克心存敬慕之情。1891 年，法国文学家协会主席古拉找到罗丹，邀请他为协会创始人巴尔扎克雕塑一尊纪念像，罗丹兴奋极了。当时，巴尔扎克已逝世近半个世纪，罗丹从未见过巴尔扎克，他只能大量搜集关于巴尔扎克的文字和图像资料。他比以往显示出了更大的热情，不厌其烦地穿梭于巴尔扎克浩繁的作品与书信之中，单单是考察巴尔扎克的出生地图尔市就耗时一个月之久。他还特地寻觅了相貌特征类似巴尔扎克的模特，使其摆出各种姿态，以便帮助刻画一代文豪的外貌和精神特征。

如果你能见到罗丹刻刀之下的巴尔扎克雕像，一定会错愕万分，难道这就是那位笔耕不辍的文学家吗？只见他身着睡袍，双手被睡袍掩盖，体形臃肿，头发蓬乱，目光凶狠。这未免和常人想象的手执鹅毛笔，深沉地思索小说情节的文学家形象相差太远。但对罗丹来说，他要像巴尔扎克书写的《人间喜剧》真实反映 19 世纪的法国那样如实地反映巴尔扎克："对我来说，巴尔扎克主要是个创造者，这就是我要表现的。"①创造出形似的巴尔扎克不难，难就难在把他的工作热情、他的艰难生活和他的战斗精神表现出来，而这也正是罗丹雕刻巴尔扎克像时的初衷。据说作品初稿完成时，罗丹叫来他的学生和助手评价这件作品，助手对

---

① 汤俏. 罗丹的激情与苦涩[M]. 北京：东方出版社，2009：231.

他雕塑的双手表示非常喜欢，没想到罗丹居然毫不犹豫地将其砍掉，因为他担心人们会因为这双有力的手而忽略了作品的主体部分。

出人意料的是，这件耗费了罗丹无数心血的作品在沙龙展出时却引来了学院派的一片讥笑声。他们认为这是脱离现实人体的怪诞的、病态的作品。作家协会拒绝接受它，甚至有尖刻的批评者嘲弄这尊雕像是麻袋里装着的癞蛤蟆。各种不堪的诋毁都没能打倒罗丹，反倒使他更加坚信："假如真理应该灭绝，那么后代就会把我的巴尔扎克像毁成碎块，假如真理不该死亡，那么我向你们预言：我的雕像终将立于不败之地。"[1]

时间是检验一切的标准。法国之外的各国博物馆都争相购买他的雕塑作品，使得罗丹开始成为第三共和国的一大骄傲。1939年，罗丹逝世22周年后，这座巴尔扎克雕像终于被铸成铜像矗立在巴黎。实际上，这件作品完全摆脱了古典雕塑的模式，而且具有中国画的写意韵味，充分表现了文人大师的精神气质。

声誉日隆的罗丹并没有降低自己的要求，而是精益求精。1880年受政府委托雕刻的《地狱之门》本应在1884年完成，但是罗丹仅搜寻素材、进行构思就花费了整整20年时间，这项工程随着他的逐渐深入而变得浩大无边。尽管如此，他从未想过从中抽身，因为他的心中始终留有一块圣地，这件作品正是他崇高的宗教感的表达。《地狱之门》共187个人体，他们是一群地狱中的困兽，这些扭曲、悲惨的形象，正是罗丹对人类命运的悲悯和关照。现藏于巴黎博物馆的《思想者》堪称这一作品体系中的典范。《思想者》雕塑的是诗人但丁，他坐在《地狱之门》的门顶上，犹豫不决地俯瞰着世界。罗丹曾为了这尊雕塑而烦闷不堪，他总是不满意自己已经塑好的造型，感到没表达出他所要表达的思想。

罗丹用手支着膝盖思考，前来拜访的诗人里尔克说："先生，你现

---

[1] 华语. 罗丹画传[M]. 北京：华夏出版社，2010：84.

故居前景

在的样子就很像但丁用心思索。"思索？是啊，思索！罗丹豁然开朗，这个伟人就是用他毕生的力量在思索。于是，他开始重塑这个两倍于人体大小的雕塑。

罗丹想要塑造出那种苦思冥想而又坚定有力的思索状态，为此他反复推敲。右臂支在左腿上，这是个看似很不自然的姿势，但是在罗丹看来，这个姿势所呈现的紧张状态恰到好处。他以拳托颌，低头沉思，注视俯瞰着下界，流露出同情、怜悯的神情。塑像的躯体魁梧伟大，两肩很有力量，脚和手也硕大有力。整个塑像粗厚沉重，但又似乎在跳动着，充满了力量。

然而罗丹深以为傲的《思想者》在当时又一次遭受了冷遇。美术院、法兰西学院的人称之为"猿人""妖怪"。罗丹的朋友极为愤慨，斥重金买下这尊塑像作为对反对派的回应。他们把塑像捐给巴黎，立在先贤祠前。罗丹感到了欣慰，这是他第一件矗立在巴黎市公共广场上的作品。《思想者》在以后的社会进程中一直发挥着强大的作用，尤其在20世纪初期，人们一度将其作为改造世界的象征。《思想者》既是诗人但丁悲剧的化身，也是作为艺术家的罗丹本人的化身。

然而这时，罗丹的精力也差不多要枯竭了。

思想永恒

70多岁的罗丹依然不曾放弃他的雕塑事业。他常常会剧烈头痛，但他只说是有些累了，继续做着手头的事情，不以为意。情况愈演愈烈，到后期，他的手臂开始麻木。他不敢对任何人讲，因为他为此感到丢人。他整日待在工作室里，呆呆地凝视着自己以前的作品，想着若是以现在的水准创作，他可以雕塑得更好。然而他再也抬不起自己的手臂……失去了雕塑的能力，对罗丹来说意味着莫大的痛苦。76岁时的一天，罗丹的眼前一片漆黑——他不幸患上了脑溢血。1916年9月13日，他签字把他在法国所有的艺术品都移交给国家，国家为之在比隆设立罗丹博物馆。使他感到吃惊的是他居然有这么多的作品——56个大理石像，56个铜像，193个石膏像，100个赤土雕像，2000多张草图和素描。77岁那年，他犯了支气管炎，忽然失去了知觉。没过几天，他缓缓地闭上了双眼，长眠不起……

罗丹去世后不久，他的宿敌——法兰西学院把他选为院士。也许，

故居门前大街

正是因为他的作品无论从形式上、技法上、内容上还是思想上都有着不同凡响的创造，使人们有了不同寻常的感受，才使它们焕发着不可捉摸的艺术魅力，因而有着不可取代的历史地位，使他在米开朗基罗去世300年后成为唯一可以与他分庭抗礼的艺术大师。

依据罗丹生前的遗愿，后人将他的雕塑作品《思想者》矗立于他的墓地之上，成为罗丹墓地特有的标志。思想者仿佛在悠悠岁月间悲悯地注视着葬于它脚下的艺术巨匠罗丹。罗丹收获的盛誉无数，他伟大的成就与他热衷思考有着密不可分的关系。他的作品由内而外地迸发出创作者个体的理性和思想，他赋予作品以触动人心的艺术力量，动人之情，启人之思，这便是罗丹雕塑作品的魅力所在。

正如但丁是中世纪的最后一位诗人，同时又是新时代的最初一位诗人，罗丹是古典主义时期的最后一位雕塑家，也是现代主义时期最初的一位雕塑家。挣脱传统雕塑技艺的藩篱，在继承前人成果的基础上推陈出新，创造出更具时代感的创作方法，罗丹可谓是欧洲雕塑史上的一位集大成者。英国学者赫伯特·里德在《现代雕塑简史》中将罗丹置于西方现代雕塑史的开端，认为"正是罗丹恢复了雕塑艺术的雕塑价值本身的意义"。罗丹连同他的艺术思想，是人类文明史上一笔不可多得的艺术财富，他开创了一个全新的雕塑时代，对日后世世代代的艺术创造都将产生不可估量的深远影响。罗丹，他是历史星河中一颗璀璨夺目的巨星。

（撰稿：赵严）

参考文献

范志斌. 西方大师经典：罗丹 [M]. 合肥：安徽美术出版社，2011.

华语. 罗丹画传 [M]. 北京：华夏出版社，2010.

金燕. 罗丹 [M]. 海口：海南出版社，1997.

罗丹（述），葛塞尔. 罗丹艺术论 [M]. 北京：中国社会科学出版社，2001.

汤俏. 罗丹的激情与苦涩 [M]. 北京：东方出版社，2009.

莫 奈

  吉维尼小镇位于法国巴黎近郊、风光旖旎的塞纳河畔，距离巴黎约 45 分钟车程，印象派绘画大师莫奈就曾在此生活了 43 年。这里不仅有他的故居，还有他用几十年心血创造的闻名于世的自然花园。"我最完美的杰作，就是我的花园！"莫奈这样形容他的花园。这座以莫奈名字命名的花园，几乎与莫奈的画作一样受世人瞩目。莫奈正是从这座艺术花园中源源不断地汲取灵感，创作了一幅幅传世名画，比如《睡莲》《日本桥》等。

  拨开茂密的枝叶，走过精致的小桥，漫步在开满鲜花的小道上，一座赏心悦目的房子出现在人们眼前。所有的门窗都被主人染成了令人愉悦的绿色，与花园里美丽的花朵相互辉映。这座园子由两部分组成：一部分是绚丽的花园，一部分是澄澈的水园。它们通过一条短隧道精妙地连接在一起。花园，也被称为"诺曼底园"，呈长方形，占地面积约一公顷，位于莫奈的老房子前。水上花园则是一个与花园风格迥然不同的人工湖泊，湖岸边杨柳与翠竹林立，枝繁叶茂，花团锦簇。几座绿色小桥掩映于山水间。池塘里满池睡莲，池边鸢尾花、凤尾草和芦苇随风摇曳。莫奈最

莫奈故居（法国吉维尼）

著名的《日本桥》系列和《睡莲》系列画作的原型就取材于这水中花园里的小桥和睡莲。花园为莫奈的绘画带来灵感，莫奈的画也给花园带来了生命和活力。

1885年，法国著名诗人斯特凡·马拉美曾描述了他眼中的这片睡莲池："它浓浓的白，包含着一个空无所及的梦，包含着一种永不存在的快乐。我们所能做的只有继续屏息，向那幻影致敬……在意外的脚步来临之前，在我走开的时候，这朵完美的花儿在升起的水泡中清晰可见……"[1]莫奈每天都在这片池塘边认真观察，根据晨昏光线的变化用画笔描摹出这些奇幻迷离的梦境。

莫奈曾向人说："我的钱都用在打理花园上了，但是我很高兴！"[2]莫奈对这片花园如此着迷，他在绘画之前仔细整理与观察所要展现的花园，使花园四季都布满了绚丽的色彩。黄色和粉红色渲染了4月，淡紫

---

[1][2] 林小峰. 花园，莫奈最杰出的作品[J]. 园林，2015（10）：50.

色和玫瑰色绘制了5月，蔷薇色和淡紫色浪漫了6月，白色和红色点缀了7月……莫奈视角独特，他的作品是对自己布置的花园的二次创作。

在莫奈的花园中漫步，眼前仿佛出现一幅迷人的画面：清晨5点，莫奈从满是绿色的屋子里起床，吃过早饭，开始在这美丽的花园里漫步，捕捉不同光线下的花影水痕。下午时分，伴随着孩子们的欢笑声，莫奈开始在画布上认真创作。

有人曾这样评价莫奈的花园："我想我一定能看到一个与其说充满花，还不如说充满调子与色彩的花园，一个不像是以前的园艺家的，而是色彩家的花园。（这个花园）就是一个最初的、最生动的草稿，多少可以算是现成的、美妙的、调满了和谐色调的调色盘。"[1]

坐在花园中，回望莫奈的一生，自其前往巴黎学画并在画展中初露锋芒起，其艺术天赋就备受瞩目。他对爱情的执着与深情使人感动，对大自然的独特感受和对光与影的敏锐捕捉使人叹服。莫奈将其对生活经历的理解与感受凝结在一幅幅如诗般浪漫梦幻的画作中，从中我们可以窥得大艺术家莫奈一生的成长与追寻。

巴黎学画

1840年11月14日，伴随着清脆的啼哭声，莫奈降生在法国巴黎德拉菲特街的一户人家。莫奈是家中的长子，家人为他取名为克劳德·奥斯卡·莫奈，父亲亲昵地称他为奥斯卡。在莫奈5岁的时候，父亲在法国北海岸线的勒阿弗尔开了一个杂货店，随之莫奈全家从巴黎搬到了这个安静的海滨小城市。湛蓝的海水，翻腾的浪花，多变绚烂的天空，往来的渔船，对小小的莫奈来说这些远比枯燥的课堂有吸引力。莫奈在大自然中陶冶出了不羁的性格，与大海结下了深厚的感情，这对他以后的

---

[1] 林小峰. 花园，莫奈最杰出的作品[J]. 园林，2015（10）：52.

创作影响很大。对于天性自由的莫奈来说，学校仿佛是一个桎梏他的牢笼。他对学习不感兴趣，反而热衷于将老师的样子画成漫画，夸张又滑稽。时间久了，他甚至摸索出了一套创作技巧，用简单的笔触把人物特征刻画得惟妙惟肖。在他15岁时，莫奈俨然是勒阿弗尔城有名的天才小漫画家了，很多人找上门要莫奈帮他们画漫画像。那时的莫奈对于风景画不感兴趣，直到他遇到了绘画生涯中第一个导师——布丹。布丹非常欣赏莫奈的创作天赋，对他的漫画大加赞赏。但他更希望莫奈能够走出画室，感受大自然的美。布丹告诉莫奈应该多学习，学习怎样看，学习用色彩来画所看到的一切。海洋、天空、动物和树木都很美丽，它们纯真地沐浴在阳光和空气里，被大自然创造得如此神奇。经不住布丹的一再热情邀请，莫奈在暑假时背着画架和布丹来到野外，布丹认真地教莫奈如何取景，如何着色，如何表现大自然的魅力。在布丹的教导下，莫奈的视野终于打开了，他真正认识了自然，并从大自然中获得了创作的灵感。在莫奈跟着布丹学习了6个月的绘画后，布丹认为莫奈的绘画天赋极高，自己现有的水平已经不能给莫奈更好的帮助，于是他向莫奈提议让他去大都市巴黎学习更高级的绘画技巧，接受正规的艺术教育。

  终于，1859年5月的一天，莫奈带着布丹写给巴黎一些名画家的介绍信，怀着对勒阿弗尔故乡的不舍和对大城市的憧憬来到了繁华的巴黎。

  莫奈到了巴黎以后，第一次看到了沙龙画展，被柯罗、杜比尼等画家的作品所震撼。他明白和这些画家相比自己还差得很远，他明白要学习真本领，要成为真正的画家，就要下一番苦功夫。于是莫奈拿着布丹写的推荐信，诚恳地去求教这些画家。画家们对于这个颇具灵气的少年热情有加，耐心地对莫奈进行指导。莫奈并没有对这些名画家盲目崇拜，在观看沙龙画展的过程中，渐渐看出其中一些画作的不足。他认为，特洛荣的画中用了过多的黑色调；库提赫的画过于严肃和刻板；虽然观众喜欢阿蒙的画，但它们没有生气。因此，他婉拒了特洛荣进入画室进行正规素描训练的提议，他更愿意走到自然中去，画自己眼睛看到的和内

花园中的莫奈故居

心所感受到的事物，他不希望自己的画作被程式化。但是为了练好绘画的基本功，莫奈并没有放弃在画室画人体的机会。他进入了巴黎的自由绘画学校史维思学院，并认识了一群志同道合的热爱风景画的朋友，其中就有著名画家毕沙罗。

毕沙罗是后来的印象派运动的发起人之一，是印象派最活跃的画家，也是展览中最活跃的参与者。对于比自己小 10 岁的莫奈，毕沙罗关心有加。他们兴趣相投，经常一起带着画架去巴黎郊外写生。

第二年，莫奈到了服兵役的年龄，他和毕沙罗一起写生的机会就变少了。别人眼中严酷至极的兵役生活，却是莫奈很早就向往的。他不顾父亲的劝导，投奔战场，去往阿尔及利亚服役。莫奈在非洲生活得非常开心，他给毕沙罗写信说："我不断见到了许多新鲜事物，在有空的时候，我真想把我所看到的都画下来。你无法想象我的见闻已经增加到什么程度，以及我从这儿得到多少知识……"在非洲的经历，使莫奈积累了普通艺术家很难接触到的知识与素材，迸发出了新的创作灵感，为他后来艺术发展打下了良好的基础。

与此同时非洲艰苦的生活也击垮了他的身体，莫奈病倒了。医生在检查过他的身体后不让他再回非洲。莫奈在家养病期间更加努力地绘画，他把阿尔及利亚美丽的风光作为素材，用细腻的画笔记录下在面对这些景物时内心的真实感受。这种持之以恒的创作精神感动了莫奈的父亲，他想办法解决了莫奈的兵役问题，并给了他一笔钱让他继续去巴黎学习绘画。于是，1862年11月，莫奈再次回到了巴黎，怀抱着好好学习的决心，来到当时的著名画家克莱尔的画室学画。克莱尔性格温和，不喜欢在画室里长篇大论，对学生也比较宽容。但他崇尚古典艺术，追求理性、素描与形式，这与莫奈追求自由绘画的天性正好相悖。克莱尔虽然也尊重自然规律，但是他不喜欢按照客观对象的原貌来描画事物，而是将其完全理想化，遵从古典主义的优雅。而莫奈认为这种对于形式的执着非常做作，缺乏生气。因为见解有分歧，所以莫奈和克莱尔没有了共同语言，在画室里过得越来越不愉快。不过他在画室中认识了同样不被克莱尔赏识的雷诺阿和巴齐耶，并与他们成为至交。

1864年初，克莱尔因为眼疾不得不放弃教学并关闭工作室。工作室关闭后不久，莫奈带着他的朋友们去了巴黎附近枫丹白露边缘的小村庄舍依写生。舍依有风景优美的枫丹白露森林，这里景色变化丰富，树木葱茏，风景

迈进美的世界

极美。年轻画家们用最大的热情去研究这片神奇的森林,深入乡村生活以寻找大自然的真实面貌。后来,柯罗、亨利·卢梭和米勒等大家也陆续来此定居,这让莫奈和他的朋友们有了更多学习的机会。莫奈深受这些巴比松画家作品的吸引,但他不喜欢留在工作室机械地模仿这些大师的作品,而是更喜欢在户外写生,这也使他对自然了解得更加透彻。他在回忆录中曾写道:"不要按照绘画原理的条条框框去作画,而要画出你本人的观察和感受。要放开手毫不犹豫地画,因为最主要的是抓住第一印象。我们只能有一个老师——这个老师就是大自然。遇到问题,我们永远应该向她求救。"[1]

初尝成功

1864年底,莫奈带着自己的一系列作品回到了巴黎,并鼓起勇气向沙龙画展投稿。出乎所有人意料的是,他送去参展的两幅描绘塞纳河口风景的画全部被主办方选中,在沙龙中一经展出,立即获得了好评。莫奈获得了初步的成功,很多画家都写信来恭喜他,并对他的画赞赏有加。当时著名的评论家保罗·罗兹说:"他的作品《塞纳河口》使我们在经过的时候不得不把脚步停下来,而我们永远不会忘记他,从此我们一定会对这位诚恳的海景画家以后的作品产生兴趣。"[2]

画展的成功使莫奈的家人兴奋不已,而对于莫奈自己来说,更是前进的动力。因此,他很快就收拾行装再次前往舍依,去创作他构思很久的巨幅油画《草地上的午餐》。然而这幅画的创作过程并不顺利,一直到新的沙龙画展开幕,莫奈始终对这幅画不满意,一怒之下,他把这幅画作留在了舍依,独自回到巴黎。

---

[1] 石影竹. 点法在中西绘画语言中的差异比较研究[J]. 文艺生活·文海艺苑,2012(9):51.
[2] 音渭,林锜. 艺术之约·莫奈[M]. 太原:山西教育出版社,2015:63.

莫奈回到巴黎，认识了19岁的模特卡米尔·唐希尔。莫奈对她一见倾心，热情地邀请卡米尔做他的模特。短短几天，激情洋溢的莫奈便绘制了巨幅肖像画《卡米尔》。画中的卡米尔穿着华美的绿色天鹅绒长裙与黑色的毛呢丝绒外套，垂下的眼眸显现出了她特有的优雅与淡淡的忧愁。这幅画在沙龙一经展出即好评如潮，著名评论家左拉在《事件日报》发表文章《沙龙中的现实者》赞扬这幅画："我承认最让我流连的是莫奈的《卡米尔》，这是一幅充满活力的油画。我刚刚走遍那些阴冷、空洞的展厅，为没能发现新的天才而心灰意冷，就在这时，眼前出现了这位年轻女子：长裙拖在身后，疾步走向墙壁，仿佛那里有一处洞穴。很难想象，当你笑破肚皮，耸累了肩膀，甚为厌倦的时候，忽然有什么能让你赞叹一番，是何等的一种欣慰。"

永恒的爱情

再次在沙龙获得成功，并没有使莫奈沉溺于喜悦中，他更加努力地投入到对绘画新形式的探索中。由于之前《草地上的午餐》没能赶上画展，莫奈决定构思一幅更大的画，画中人物全部曝光在露天环境中，希望以此再次轰动沙龙。他在构思这幅画时，又想到那个年轻貌美、青春洋溢的卡米尔。于是莫奈诚挚地邀请卡米尔做他的模特。卡米尔被莫奈的执着打动了，答应了他的请求。在创作画作《花园中的女人》的过程中，莫奈对于绘画的热爱与执着深深吸引了卡米尔，他们坠入了爱河。

可是莫奈经商的父亲不能接受卡米尔的模特出身，极力反对他们的婚事。莫奈的父母断绝了对莫奈的经济支持，不再给他寄生活费。当时的莫奈正在创作《花园中的女人》，根本顾不上这些，二人靠着微薄的收入和借债生活。卡米尔深爱着莫奈，一直全力支持他绘画，全然不顾生活的清贫。在这幅伟大的画作基本完成之时，二人已经没有能力偿还债务，只能离开巴黎返回家乡勒阿弗尔。然而莫奈并不敢回家，他带着卡米尔在海港租了一间很便宜的房子，那时的他穷得几乎买不起颜料和画布，更糟糕的是莫奈费尽心力的创作没有被官方沙龙接纳，《花园中的女人》落选，他在圣阿德列塞画的海景画一幅都没有卖出去。

经济困境和创作受挫的双重打击让莫奈万分沮丧，但美丽善良的卡米尔一直保持爱心，默默地陪着莫奈，并为他生了一个儿子。冬天到了，一家三口的日子更加难过，连取暖的煤炭都买不起，他们付不起租金，险些被房东赶到大街上，只能勉强靠朋友的救济度日。然而卡米尔深信莫奈会成功，会成为一位真正杰出的绘画大师。1870年6月25日，卡米尔和莫奈历经艰辛，终于成为合法夫妻。1871年12月，莫奈携同卡米尔和他们的儿子在巴黎郊区的阿让特伊镇租了一间小房子。1878年3月，卡米尔生下了第二个孩子，他们的生活更加困难。莫奈曾给左拉写信说："我不能在家里生火，我的妻子又病了。昨天我跑了一天，却没有借到钱。"

但现实的困难并没有冲淡他们的爱，反而见证了两个人情感的坚贞。莫奈的作品，尤其是早期的作品，都是以卡米尔为原型创作的，如《花园里的女人》《窗前的卡米尔》《田野》《走路》《带伞的女人》《女人穿

美在这里绽放

着和服》《在草地上》等。它们属于同一系列，都以卡米尔为主角。在莫奈的画作中，人们看不到卡米尔脸上有任何悲伤和绝望，相反，她的姿态和内心展现出她对明天更美好生活的无限渴望。

然而，幸福并不青睐美丽的卡米尔，她患了一种很严重的疾病，健康状况每况愈下。莫奈陪伴在妻子的病床前，为了留住妻子美丽的容颜，他创作了最后一幅关于卡米尔的作品——《病床前的卡米尔》。画中灰暗的色调和笔触表现了莫奈极大的悲痛。1879年9月5日，年仅32岁的卡米尔死于盆腔癌。她一生无怨无悔地支持莫奈的绘画事业。美貌的卡米尔，在嫁给莫奈后不但没有再穿上过亮丽的时装，甚至未曾拥有过一副体面亮丽的首饰。入殓时，莫奈在她的脖颈上挂上了自己刚刚从典当行中赎回的奖章，作为给他所爱的这个女人唯一也是最终的礼物。卡米尔虽然未能见证莫奈后来的成功，但是她对莫奈始终如一的爱成为莫奈创作的动力，为莫奈的成名奠定了基础。以美丽的卡米尔为主题的画作，是莫奈最受后人好评的作品。

1892年，莫奈再娶。他的晚期作品也曾出现过他的第二任妻子爱

故情依旧

丽丝的形象，但再也看不到为卡米尔作画时的那种细致的笔触。虽然爱丽丝陪伴了莫奈很长一段时间，但莫奈从未为她画过一幅肖像画。塞尚曾评论莫奈说，莫奈有一只很好的眼睛。伟大的画家不知道莫奈的另一只眼睛正是他的爱妻卡米尔。她是如此迷人，一旦这只眼睛迷失，莫奈眼中的世界会失去一半的鲜艳色彩。

卡米尔是他的创作灵感，她美丽的外表和纯洁的心灵，为莫奈的绘画艺术镀上了一层光环。莫奈对卡米尔的爱，是他对美与善的爱，是对绘画艺术的热爱，也是他灵魂最后的栖息之地。

印象之光

1871年底，莫奈的父亲去世，莫奈带着自己在英国和荷兰画的大量画作回到家乡。在继承了父亲的遗产后，莫奈的经济状况得到了改善，于是他带着卡米尔和他的儿子回到了巴黎。他回到巴黎后，发现昔日一起绘画的画友也都回来了，并且重返巴提约尔大道的盖尔波瓦咖啡馆聚会。后来有人称这些人为"巴提约尔集团"。他们在咖啡馆高谈阔论，交流思想。1873年，莫奈向画友们提出了自筹资金举办画展的提议。1874年3月25日，他们的作品首次公开展出。

在展览中，许多作品受到了强烈的批评。莫奈为了回击，便用"印象派"作为他们这些画家的统称，印象派由此得名。随后这样的画展连续举办了八次，最后一次，即1886年在美国纽约的画展获得了首次成功。左拉在小说《作品》中也赞扬了印象派画家坚韧不拔的精神，莫奈与印象派的名声越来越大。

莫奈的作品《日出·印象》是一幅典型的印象派画作，画面中描绘的是小镇港口的早晨、隐藏在清晨薄雾中的河流和小船、远处冉冉升起的红色太阳以及河上的倒影。为了记录眼前的瞬间变化，莫奈放弃了轮廓、体积、明暗以及细节，这是体现作品空气感的典型例子。这幅画充满了淡蓝色的薄雾和日出时的浅粉色光，光影交织在雾气中，形成了模

《睡莲》

糊的景色效果，看似是一幅未完成的草稿，但却很好地表现了光线和色彩的关系，展现了特定时间中港口日出的景色。莫奈的《日出·印象》表达了天空和水的浪漫和谐，捕捉到光影的变化，展现了转瞬即逝的景色，也许这就是这幅画作被称为印象派的代表作品的原因。

以莫奈为首的印象派画家普遍认为艺术家的情感状态是次要的。他们认同现实主义，认为艺术的根本目的是以客观、科学和无私的精神记录自然或生命的脉动。他们拒绝虚构的艺术，渴望客观地记录当下的事物和真实经历。然而，他们对事物的看法与现实主义画派的画家并不相同。大多数印象派画家都试图在作品中避免定型的构图，而追求随意的效果。他们抛弃了永恒的物体形状，并试图捕捉当下的视觉印象。从莫奈在巴黎火车站完成的《圣泰拉火车站》可以看出这是莫奈对火车站的真实印象。莫奈对火车站人群中发生的各种故事毫无兴趣，他在意的是在混沌中显示出来的机车的外形。他成功地掌握了光和雾的作用，精细的笔触产生了美丽的色彩。

莫奈的另一件作品《阿尔让特依大桥》被认为是一幅更典型、更成

《日本桥》

熟的印象派经典画作。此画是一幅充满阳光的风景画,莫奈把大桥和树木作为远景,船只作为背景,水面由近及远地延伸,一直延伸到天空。画面中明快清新的色调仿佛让人置身于画中,切身感受到阳光的温暖。作品中描绘的这样一个充满阳光的幸福世界,即使是华托、特纳或康斯坦茨也从未实现过这种效果。莫奈在作品中完全以视觉经验感知为首要考虑,他在不断的探索中,对传统的概念进行了否定。莫奈曾说:"试着忘却你眼前的一切,不论它是一棵树、一间屋或一块田,只要想象这是一个小方块的蓝、这是长方形的粉红、这是长条纹的黄色,并照你的以为去画便是……"[1] 他的工作便是在视觉体验中呈现特定的感受,使丰富的色彩和变化的笔触在画幕上形成令人眼花缭乱的幻觉。印象派画作中的风景普遍倾向于复制那些呈现在视网膜上的真实形象,表现太阳光线下物体色彩不断变化的生动跳跃的独特景色,光影得到了进一步融

---

[1] 王甘云. 小议印象派绘画的观察方式[J]. 美术大观, 2010 (9): 57.

合但也不抑制物体本身固有的色彩。阴影不再是灰色或黑色，而是画幕上对象颜色的互补色。由于不再重视轮廓，画作中物体的形状比较模糊，印象派的作品变成了光与影、气氛和颜色相互交织的艺术。

沉迷睡莲

1883年，乘火车旅行的莫奈不经意间经过了法国巴黎的吉维尼镇。小镇的宁静和美丽的自然环境吸引了莫奈，他租下了名为拉普雷斯瓦尔的粉色农舍并决定在这里定居。浓郁的田园气息使莫奈欣喜若狂，他早出晚归在乡间写生，创作了极具代表性的组画《干草堆》。这些表现色彩在不同光线中瞬间变化的几十幅组画引起了巨大反响，得到了大众的认同。这些画作将常规的具象艺术推向极致，并成为20世纪占据重要位置的抽象艺术。当其中一幅画作在莫斯科展出时，俄国著名画家康定斯基曾这样评价道："忽然间，我第一次看到了一幅画，我从目录上才知道这是一堆麦秆堆，我自己可看不出来……我隐约觉得物体正在从画面上消失，他有一种我从未想到过的力量。"① 随后，莫奈画了一系列此类画作，如《白杨》和《鲁昂大教堂》，都在不同的光线下展示了同样的主题。

莫奈的名气越来越大，生活也越来越富裕，莫奈买下了租住多年的吉维尼的房子以及房子对面的一块土地。为了使自己园子里的睡莲长得更茂盛，莫奈甚至想改变河道，把水引入自己的园子里。这个时候，莫奈已经是吉维尼的知名人物，有一定的影响力与知名度，市政府同意了他的请求，并批准马上施工。于是他在花园里挖了池塘，在池塘上建造了一座日式的拱桥，在池塘周围种满了柳树与竹子。曲径通幽，树木参

---

① 周青川. 感悟瞬间突破传统——印象派画家莫奈浅谈[J]. 浙江工商职业技术学院学报，2012，11（1）：29.

拾级而上

天，池塘里则盛开着莫奈的艺术之魂——睡莲。莫奈将全身心投入到池塘和他的睡莲上，睡莲成为他晚年的绘画主题。在接下来的27年里，莫奈画作的内容从未离开池塘及美丽的睡莲。在1900年底，杜朗的画廊首次展出莫奈系列作品《睡莲》的13幅画作。画中的睡莲被清澈的池水缓缓托起，在垂柳的倒影中，时隐时现，绵延不绝。花园里的日式拱桥周围环绕着葡萄藤，池塘岸边的背景是绵长鲜活的绿色。从1904年起，莫奈又画了48幅睡莲画作。随着对睡莲日渐熟悉，莫奈的画作更加简练，简单几笔，就能勾勒出睡莲慵懒地漂浮在池塘里的美丽画面。1909年5月，巴黎市民再次在Danglang-Rue画廊看到他的48幅"睡莲"水景，每个人都拍手称赞。当时的评论家毫不吝惜自己的赞美："我们认为较早的那些组画不能够和这些非凡的池塘景色相比。它们把春天俘获到画廊里。"[1]在倒映着天空和池塘岸边的变化的水中，淡雅和浓艳的睡莲盛开着。绘画如此近似音乐和诗歌，谁曾见过？这些绘画中含有内在的美，精练而深邃。

1911年5月，莫奈的第二任妻子爱丽丝去世了。莫奈在晚年再一

---

[1] 姜整洁. 印象派的黑白之间——莫奈《睡莲》系列[J]. 美与时代（中旬刊）·美术学刊, 2016(11): 71.

画中画

次遭受了失去妻子的巨大不幸,他的视力迅速恶化,甚至有失明的危险。此时,正赶上克列孟梭总理代表国家向莫奈订购装饰组画《睡莲》。尽管身体疼痛,莫奈还是建造了一个大型工作室,并开始制作大型睡莲壁画。这些巨大的画幅整整花费了他 12 年的心血。莫奈将这些画作构成一个连续体,采用了独到的多种色彩混合的技巧,画作表面呈现出远远延伸的水波荡漾的光影视觉效果。在莫奈的笔下,池水是纯绿色的,花朵就像是深红色的火焰。看似随机的颜色线条柔软而细腻,似乎水波真的在纸上流动,似乎捕捉到了真正的水的光影。婀娜的睡莲与含情脉脉的垂柳像要把每个人都包容进去,可以从中看出作家晚年依旧高涨的生命力与激情。

在完成了最后的杰作《睡莲》之后,莫奈于 1926 年 12 月 6 日平和地逝去。他被埋葬在他一生所爱的女神卡米尔的坟墓旁边。莫奈花费毕生精力致力于研究环境和自然光的关系。在他的作品中,他以跳跃的笔触,描绘了光与影的美丽交错,这是超越世俗的生命之光,将绘画艺术升华到空灵的境界。那些难以理解、总是难以预测的自然景观已经成为他取之不尽的创造力的源泉。他突破了传统绘画的"固有色彩",直接用鲜艳的色彩描绘阳光下的物体，形成了"条件色"的新色彩概念。

  莫奈对绘画满腔热忱并且始终如一，他将自己的一生奉献给了印象派艺术，留下了无数珍贵的画作，促进了艺术的变革。他的成功在于他勤奋的学习和坚持不懈的创作。从那以后，文艺复兴以来的古典主义和浪漫主义逐渐走向终结，毕加索、康定斯基、蒙特利尔等现代艺术家队伍壮大起来。莫奈不仅对现代艺术有着杰出的贡献，他那种纯粹通过探索光与色来揭示自然的生命力的手法还对当代艺术教学，尤其是对景观色彩教学产生了深远的影响。莫奈不仅给我们留下了无数优秀的作品，还给我们留下了无形的精神遗产。莫奈采用了全新的视角，凭借其对光与色的独特表达以及绘画语言的大胆创新，成为世界闻名的绘画大家，谱写了艺术史上的光辉篇章。因此，他被公认为"现代绘画鼻祖""印象派之父"，时至今日仍为我们所景仰。

（撰稿：王坤元）

参考文献

爱丝金. 印象派绘画中的时尚女性与巴黎消费文化 [M]. 孟春艳, 译. 南京：江苏美术出版社, 2010.

巴托勒纳. 莫奈 [M]. 黎茂全, 译. 北京：北京时代华文书局, 2015.

陈迟. 莫奈 [M]. 北京：中国人民大学出版社, 2004.

井出洋一郎. 印象派名画为何如此有趣 [M]. 刘炯浩, 译. 北京：电子工业出版社, 2016.

金. 莫奈, 和他痴迷的睡莲 [M]. 李浚帆, 译. 北京：中国青年出版社, 2017.

克雷斯佩勒. 印象派画家的日常生活 [M]. 杨洁, 王奕, 郭琳, 译. 上海：华东师范大学出版社, 2010.

马凤林. 印象主义：明丽的世界与多彩的人生 [M]. 武汉：湖北美术出版社. 2005.

莫奈. 莫奈艺术书简 [M]. 张恒, 译. 北京：金城出版社, 2012.

音渭, 林锜. 艺术之约·莫奈 [M]. 太原：山西教育出版社, 2015.

图书在版编目（CIP）数据

大家之家. 艺术卷. 2 / 车吉心，谭好哲主编. --济南：泰山出版社，2020.1
　　ISBN 978-7-5519-0566-4

Ⅰ.①大… Ⅱ.①车…②谭… Ⅲ.①艺术家—列传—世界 Ⅳ.①K811

中国版本图书馆CIP数据核字（2019）第166891号

主　　编	车吉心　谭好哲	
策　　划	胡　威　梁晓东	
责任编辑	王艳艳　袁晓虹	
装帧设计	路渊源	

DAJIA ZHI JIA：YISHU JUAN 2
大家之家：艺术卷 2

出　　版	泰山出版社	
	社　　址　济南市泺源大街2号　　邮编　250014	
	电　　话　总编室（0531）82022566	
	市场营销部（0531）82025510　82023966	
	网　　址　www.tscbs.com	
	电子信箱　tscbs@sohu.com	
发　　行	新华书店	
印　　刷	东港股份有限公司	
规　　格	787 mm×1092 mm　16开	
印　　张	11.75	
字　　数	170 千字	
版　　次	2020 年 1 月第 1 版	
印　　次	2020 年 1 月第 1 次印刷	
标准书号	ISBN 978-7-5519-0566-4	
定　　价	46.00 元	

著作权所有，违者必究
如有印装质量问题，请与泰山出版社市场营销部联系调换